As Ferrovias, o Café e a Umbanda

Um romance espiritualista

As Ferrovias, o Café e a Umbanda

Um romance espiritualista

Adilson Marques

2021

Marques, Adilson

M357f   As ferrovias, o café e a Umbanda / Adilson Marques. São Carlos: RiMa Editora, 2021.

102 p.
ISBN 978-65-88549-18-6

1. Umbanda. 2. fazendas de café. 3. regressão de memória. 4. romance espiritualista. I. Autor. II. Título.

RiMa Editora

Rua Virgílio Pozzi, 213 – Jd Santa Paula
13564-040 – São Carlos, SP
Fone: (16) 98806-4652

Sumário

Apresentação do autor

Este livro é um romance espiritualista. Ele começou a ser escrito em 2018 quando realizei uma sessão de regressão de memória em uma professora da rede municipal de educação de São Carlos. Ela se viu como herdeira de uma fazenda de café e teria acompanhado a transição entre a mão de obra escrava e a dos colonos. Descobrimos que a fazenda seria em São Carlos, pois porque ela viu o Colégio São Carlos, a Avenida São Carlos e o bonde transitando na mesma.

A única coisa que ela estranhou durante a regressão foi ver a catedral. Esta, em sua mente, era diferente da real. Porém, ao relatar para ela que havia uma anterior e mostrar fotos da antiga catedral, ela identificou a da foto como sendo semelhante com a que viu durante a regressão.

Ela também me via na fazenda, fazendo cálculos e projetos. Após essa experiência, que pode ter funcionado como uma indução, eu tive alguns sonhos que pareciam ter vínculo com essa possível encarnação.

Em um dos sonhos eu me via saindo de uma fazenda e encontrei uma rua de terra em forma de U. Eu virava para o lado direito e seguia, até acordar. Este sonho foi recorrente durante muitos meses. Em outro, eu me via em uma ampla sala com um piso de madeira carcomido pelo tempo. Pelos vãos eu enxergava um porão. E, em outro, eu me via com vários jovens e conversava com eles sobre religião. De repente, fomos em direção a uma pequena capela e, no caminho, eu via algumas casinhas ajardinadas que lembravam uma colônia. Por fim, em um dos sonhos mais enigmáticos, eu estava em uma sacada e ouvia uma mulher brigando com o filho, dentro de um quarto. Da sacada, ficava admirando a mulher que parecia preparar café em uma pequena cozinha, que ficava quase em frente a essa sacada. E, talvez, o mais emblemático, foi um em que eu me via andando para um lado e para o outro com um mapa na mão. Estudava o trajeto de um rio e pretendia represá-lo para criar um lago artificial.

A partir da hipótese de que a fazenda seria no município de São Carlos, começamos uma pesquisa sobre as principais fazendas de café no século XIX. Enquanto fazíamos esse levantamento, fomos surpreendidos por outras pessoas que também, em regressões de memória, acessaram informações relacionadas com fazendas de café. Procurei aproximar essas pessoas que, até aquele momento, não se conheciam pessoalmente. A afinidade entre elas foi algo muito curioso. A impressão era de que se conheciam há séculos.

Apesar de ter várias narrativas fragmentadas em minhas mãos, não tinha dado mais objetivo que permitisse identificar com precisão quem, supostamente, as pessoas submetidas à regressão de memória teriam sido no passado, em outra existência. O máximo que conseguia era fazer algumas inferências que podem não ser verdadeiras, como, por exemplo, quando em uma das sessões apareceu um rapaz fugindo de casa e indo para o Paraná, com aproximadamente 18 anos de idade. E, em outra, apareceu uma jovem que estudava em um semi-internato e, futuramente, teria cometido suicídio.

Pesquisando sobre a fazenda e seus proprietários, descobrimos que houve, de fato, um jovem fugindo, justamente para o Paraná, aos 18 anos, voltando apenas após a morte do pai, alguns anos depois. Uma das filhas deste fugiu e estudou em um semi-internato em Itú. Mas não apareceu em nenhum documento pesquisado qualquer referência a suicídio.

Infelizmente, as regressões de memória costumam ser muito fragmentadas. Às vezes, a pessoa submetida ao procedimento só acessa uma única imagem, não conseguindo ir nem para frente e nem para trás. Ou acessa várias imagens sem que haja continuidade ou conexão, podendo abarcar um período muito extenso de tempo.

É claro que ocorre certa euforia encontrar o registro histórico de uma informação acessada, como no caso da fuga de um jovem com 18 anos, e para o Paraná. Seria coincidência? Era um costume entre os jovens descontentes com a família fugir para o Paraná no século XIX? Então começam as elucubrações: será o mesmo espírito que anima a pessoa que acessou aquela lembrança e aquela que aparece nos documentos?

Enfim, como são questões ainda sem respostas, não tive elementos para comprovar as informações acessadas por essas pessoas durante a regressão de memória. Mas existe um fato mais objetivo que encontramos durante a pesquisa e, mesmo assim, as informações só podem ser tomadas, até o momento, como hipótese.

Na fazenda onde concentramos a pesquisa, descobrimos a existência de um terreiro de Umbanda. Foi muito curioso, para mim que sou umbandista, descobrir que naquela fazenda, famosa no século XIX pela produção e exportação de café, tinha um centro de Umbanda em pleno funcionamento. Consegui fazer contato e tive permissão para conhecer o trabalho.

E agora vem o fato surpreendente, mas que não temos também como comprovar. Durante a gira, uma das entidades que se manifestam naquele terreiro disse que eu não estava lá por acaso. E que tinha sido naquela fazenda que havia se passado os fatos que aquelas pessoas submetidas à regressão de memória relatavam. Inclusive, um dos pretos-velhos que lá se manifestam afirma que ele viveu como escravizado naquela fazenda. Apesar disso, os espíritos que lá se manifestam não passaram nenhuma informação mais objetiva, apenas se limitaram a dizer que eu ia conseguir as informações necessárias para usar no livro.

Era muita coincidência e a vontade de escrever ficou cada vez maior. Porém, mesmo com tanto material em mãos, eu não conseguia sentar para me organizar e escrever, até que um fato um tanto doloroso ocorreu, mas que me ajudou a escrevê-lo entre os dias 9 e 12 de março de 2021, justamente quando a pandemia do coronavírus se agravou e as restrições foram intensificadas em várias cidades.

Era o momento propício para escrever, mas antes de sentar em frente ao computador para finalmente trabalhar em mais um livro, na sexta-feira, dia 5 de março, comecei a sentir uma forte enxaqueca que durou seis dias. No domingo, dia 7, a sua manifestação mais intensa. Sentia minha cabeça com se tivesse o dobro do tamanho e a impressão de que ela era um globo da morte, aquele espetáculo circense no qual vários motoqueiros em alta velocidade circulam sem que um colida com o outro.

Além disso, sentia um forte zumbido na cabeça que parecia sem fim. Na segunda-feira acordei sem esses sintomas, apesar de ainda sentir dor e, na terça-feira, a enxaqueca foi bem fraquinha. Porém, o mais importante, é que acordei com uma vontade de escrever.

E foi graças a essa vontade que consegui pegar todo o material que estava arquivado desde 2018 e em 4 dias escrevi o livro. Não tenho ideia do que aconteceu no domingo, dia 7, mas tenho forte convicção de que toda aquela sensação estranha estava relacionada à necessidade de escrever este livro.

Na semana seguinte, nos dias 20 e 21 de março, revisei toda a unidade Um do livro e o mesmo acabou ganhando mais dois capítulos, ficando, imagino, muito mais atrativo e, finalmente, pronto para a impressão.

Mas, com tanto material em mãos, achei melhor produzir um romance espiritualista misturando fatos históricos, narrativas de pessoas submetidas à regressão de memória e muita ficção. Dessa forma, enfatizando que esta é, basicamente, uma obra de ficção, quero me livrar de eventuais críticas que possa receber escondendo-me atrás do velho jargão:

"Esta é uma obra de ficção. Qualquer semelhança com nomes, pessoas, fatos ou situações da vida terá sido mera coincidência".

Boa leitura!
São Carlos, verão de 2021

Introdução

Este livro foi escrito 95 anos após a minha morte. Sim, é isto mesmo! Estou morto. Mas apenas fisicamente. Eu morri em 1925, com 75 anos, amparado por uma ex-empregada doméstica, e também pela única pessoa que nunca me desamparou, minha esposa e mãe de meus filhos, que desencarnou quatro anos após a minha passagem. Fiquei muito feliz ao receber permissão para estar ao lado dela na hora de seu desencarne e a acolher em meus braços.

Em relação à ex-empregada, só compreendi o seu papel em nossa família após a minha morte. Não era a primeira vez que estivemos juntos. Porém, em minha última encarnação, fui muito cruel e egoísta com a família dela. Seu pai foi um ex-colono em minha fazenda. Ele, a esposa e a filha moravam lá e trabalhavam muito. Enquanto seus pais trabalhavam na lavoura, ela ajudava, desde pequena, nos trabalhos domésticos.

Apesar de trabalhar muito, seu pai costumava arrumar muita confusão, sempre questionando alguma decisão e colocando outros colonos contra os patrões. Era um italiano vaidoso e egoísta que, contraditoriamente, misturava um discurso anarquista com atitudes que se assemelhavam ao dos fascistas. Ele dizia estar preocupado com a proteção dos colonos, mas buscava com suas ações tirar vantagens pessoais.

Certo dia, porém, uma casa na colônia pegou fogo. Apesar de ele afirmar com veemência que não era culpado, que havia sido um acidente, não acreditei e o expulsei da fazenda com a esposa. Para ajudá-los, propus que a filha ficasse trabalhando conosco e eles aceitaram. Ela foi muito humilhada naquela encarnação por alguns membros da minha família, mas, junto com a minha esposa, deu todo apoio que precisei em meus últimos anos de vida.

De 1919, ano que vendi a fazenda e fui morar no Rio de Janeiro, até minha morte, em 1925, vivi cerca de seis anos de relativa solidão, adequada para avaliar e reavaliar tudo o que fiz durante a encarnação. Felizmente, desencarnei com a alma tranquila e rapidamente recuperei minha consciência espiritual, compreendendo a importância daquela encarnação e me lembrando de outras que formaram as bases para vivenciar as provas, as expiações e as missões presentes em minha ultima existência na Terra.

Resolvi escrever esse livro porque, em breve, reencarnarei e, por algumas décadas, o véu do esquecimento vai cobrir toda essa história. Ela sumirá da minha memória, mas ficará no meu inconsciente influenciando, de alguma forma, na minha nova encarnação. Esta não deverá ser dolorosa e nem miserável, mas não terei nem o prestígio e nem a fama que tive em minha última existência.

Como meus amigos espirituais costumam me dizer: "dinheiro não vai sobrar, mas também não vai faltar". Minha vida será modesta e com muito trabalho. Mas acredito estar preparado para enfrentar as vicissitudes que encontrarei pelo caminho, até porque, muitas delas, eu mesmo pedi para vivenciar e acredito estar preparado para suportá-las. E a mais importante será no campo da mediunidade, buscando contribuir neste processo de regeneração planetária. Meu trabalho vai se concentrar na Umbanda, como médium de cura e também dando comunicações.

Como se diz do lado de cá, ninguém encarna na Terra para estudar ou passear. O aprendizado é feito todo no mundo espiritual. Na Terra encarnamos para provar se a lição foi realmente aprendida. A Terra é o palco das provas.

Mas é importante deixar claro que não há do lado de cá ninguém para nos julgar. É a nossa própria consciência que avalia onde erramos e pede uma encarnação reparadora. O chamado carma é fruto das escolhas realizadas antes da encarnação. Nada acontece em nossa vida encarnada sem a nossa própria aprovação do lado de cá, seja antes de encarnar ou nos momentos de lucidez espiritual, quando o espírito desperta do lado de cá enquanto seu corpo físico se recupera por meio do sono. Nem sempre o consciente ou o ego consegue registrar essas escolhas, mas elas acontecem também durante a encarnação.

E isso acontece porque, de posse do nosso "livro da vida", podemos avaliar onde erramos e podemos nos preparar melhor para novamente participar desse jogo cooperativo chamado Encarnação. A partir da escolha de um novo gênero de existência, criamos o nosso destino e o nosso carma. Este pode ser mudado, mas sempre pelo espírito, nunca pelo ego, a personagem que vivenciamos na Terra.

E qual o motivo para escrever esse livro? Acredito que a história que vou apresentar possa ser útil para se compreender o sentido de vida, principalmente em um mundo de provas e expiações como ainda é a Terra, e onde a Umbanda, que ainda sofre preconceito, tem um papel muito importante a cumprir.

Em breve nosso planeta mudará de estágio e tudo será muito diferente. Em vez do egoísmo, o planeta será nutrido pelo Amor, mas estas últimas décadas de transição exigem muita maturidade e coragem para não sucumbir. Estamos na pós-graduação do mundo de provas e expiações, mesmo que ainda estejamos no pré-primário da evolução do espírito.

Pensando em contribuir modestamente com essas informações, pedi permissão para escrever esse livro e a obtive. Nele pretendo mostrar as relações entre o mundo material e o espiritual, partindo de minha experiência com a administração de uma fazenda de café, como deputado e senador, e também de algumas histórias que só fui descobrir do lado de cá.

Quero ressaltar que, do lado de cá, nada é oculto. Se algum crime ou traição acontece na Terra e passa incólume, aqui será revelado. E as consequências dessas revelações vão depender do grau de compreensão espiritual de cada um. Alguns perdoam e seguem em frente; outros se tornam obsessores e passam a influenciar na vida dos que continuam ligados à matéria.

Esta influência, é importante dizer, acontece com a permissão divina. Em outras palavras, quem sofre esse assédio extrafísico por alguma razão merece passar por ele. O obsessor, na maioria das vezes, é um instrumento inconsciente da ação carmática ou da lei de causa e efeito. Ele acredita que, por sua conta e risco, está fazendo a justiça com as próprias mãos. Ele se vê como vítima e aquele que sofre a obsessão como o seu algoz. Porém, não tem consciência que só assim age porque teve permissão, em função do merecimento negativo de quem sofre sua influência maléfica.

É verdade que, ao recuperarmos nossa consciência plena, conseguimos compreender como funciona a lei de "causa e efeito", ou lei do carma. Aliás, essa lei está impressa em nossa consciência. Por isso digo que o obsessor só age assim porque ainda não recuperou sua consciência espiritual plena. Quando isso acontece, relembra que a História está escrita e que ela não poderia ser diferente. Só sabemos o que estava escrito para acontecer depois que acontece, por isso que não dá para chorar o leite derramado, como se diz aí na Terra, e nem se culpar ou culpar o outro.

Quando compreendemos e aceitamos que não existem vitimas e algozes, apenas a lei de causa e efeito em ação, viver se torna muito mais fácil. Porém, apesar do grande autor do Universo ter traçado o rumo da História, da esfera local à global, como se fosse uma estrutura indestrutível de uma edificação, deu-nos o livre arbítrio para melhor interpretar o papel para o qual fomos escalados.

O nosso livre arbítrio não é perfumaria, mas é a decoração que poderá tornar nossa parte, nesta construção, mais bela e feliz, sem abalar a estrutura que sustenta toda a vida, na Terra ou em outro Orbe. Não se diz que não cai uma folha de uma árvore ou um fio de cabelo sem que Deus permita?

Os papéis que vamos representar podem ser classificados como prova, como expiação e, também, como missão. E o que diferencia cada um deles? De forma resumida, podemos dizer que as provas estão relacionadas com nossas escolhas. Ou seja, quando gozamos de nossa consciência plena, no plano espiritual, lembrando-se das inúmeras encarnações e do que precisamos nos melhorar, escolhemos vivenciar determinadas provas durante nossa próxima existência.

Assim, no período entrevidas, nos preparamos para enfrentar essas provas. Se não passamos, não devemos nos desesperar. Aqui ninguém nos julgará. Mas a nossa própria consciência vai cobrar mais empenho e uma preparação melhor na próxima vez. Por isso, a vontade é um dos principais atributos do espírito, junto com a capacidade de amar e de ser feliz. E o objetivo da encarnação é colocar em prática os atributos do espírito nas mais diferentes situações. Aí reside a prova. Em alguns casos, é possível fazer novas escolhas, mas nunca pelo ego, apenas pelo próprio espírito, em acordo com seus mentores, quando consegue recuperar, momentaneamente, sua consciência espiritual. É importante ter a compreensão que a vontade do espírito frequentemente entra em choque com os desejos do ego.

As expiações, por outro lado, acontecem como consequências de atitudes equivocadas, onde, em vez de agir ou reagir por meio dos atributos espirituais, pautamo-nos pelos atributos do ego, da personagem transitória. Mesmo não querendo passar por elas, temendo o que podemos sofrer, não temos escolha. Elas acontecerão no momento previsto, independentemente de nossa vontade. Mas também aceitamos passar por essas expiações, mesmo não querendo ou não se sentindo preparados. Trata-se de uma imposição, mas que conta com a nossa aceitação. De alguma forma, compreendemos que é um fruto azedo que precisamos saborear.

Quando falo "atitudes equivocadas", refiro-me às intenções que motivaram nossa ação, uma vez que só conseguimos fazer aquilo que o outro necessita passar, positiva ou negativamente. Ou seja, se eu tenho a intenção de roubar, vou conseguir roubar aquele que, por alguma razão, merece ser roubado. E se tenho a intenção de dar um prato de comida, eu vou dar para aquele que, naquele momento, merece receber aquele prato. Assim, ao mesmo tempo em que sou instrumento para o carma da outra pessoa, eu também colherei as consequências dessa ação devido à intenção de cometer aquele ato.

Cabe ao espírito encarnado ter a intenção na co-criação do Universo. Se ele será o escolhido para o carma positivo ou negativo do outro, é outra coisa. Porém, esse processo vai afetar a nossa economia espiritual. Daí ser importante colocar-se sempre como um instrumento amoroso, à disposição para ser um instrumento positivo e não negativo.

Se eu não tenho a intenção de roubar? Neste caso, dificilmente será o escolhido para ser o instrumento dessa vicissitude negativa na vida de alguém, mas outro será o escolhido para ser o instrumento daquela ação carmática. Por isso, ressalto: procuremos sempre ter a intenção de ajudar, de fazer coisas positivas para as pessoas e para o mundo, pois, assim, aumenta a probabilidade de sermos os escolhidos para realizar essas ações que sempre levam em conta o carma individual, de um grupo, de uma nação e também do próprio planeta.

Colocando-se intencionalmente como um instrumento amoroso e benevolente, aumentamos a chance de sermos escolhidos para levar coisas boas para quem o merecer e, assim, vamos somar pontos em nossa economia espiritual e vencer a fase humanizada do espírito mais rapidamente.

Sei que isso é muito difícil de ser compreendido, e aceito quando estamos do lado material da vida, mas é assim que funciona os chamados Mundos de Provas e Expiações como ainda é a Terra. Ou seja, ao mesmo tempo em que sou um instrumento inconsciente do carma do outro, eu adquiro também um carma negativo pela intenção de cometer um ato que vai prejudicar alguém e não, necessariamente, pelo ato em si. Uma vez que este teria que acontecer, não importa quem foi o escolhido para o ser o instrumento.

É por isso que, além das provas, escolhidas voluntariamente, temos também as expiações. Estas entram na programação reencarnatória em função dos erros cometidos no passado. Normalmente, o espírito encarnado sofre mais com as expiações do que com as provas. Como estas são escolhidas, com frequência o espírito já se encontra preparado para enfrentá-las. O contrário acontece com as expiações que, de alguma forma, é imposta ao espírito. Mas este, mesmo assim, sabe que tem suas expiações para passar. Não é possível encarnar sem ter essa informação e ter aceitado passar por elas, com exceção das encarnações compulsórias, como teremos a oportunidade de apresentar uma ao longo deste livro.

Por fim, temos as missões. São aqueles fatos que devem, necessariamente, acontecer na história da Terra e somos escolhidos para essa tarefa. Existem missões que são na escala mundial aquelas na escala local. Não tem como alguém falhar em sua missão, isso é impossível. Se algo tem de, necessariamente, acontecer, como foi a ocupação das Américas pelos Europeus, o surgimento de uma nova religião, o movimento protestante e também o espírita, ou mesmo a cura de uma enfermidade, por exemplo, Deus dará aquele papel para um espírito que não tem como falhar. Deus sabe, antecipadamente, quem tem condições de vivenciar aquela missão.

Por isso não tem como um espírito falhar em sua missão. Esta só é dada para quem vai cumpri-la perfeitamente. Mas são várias as missões, em várias escalas, da vida familiar à planetária. Se dois ou mais espíritos escolhem interpretar o mesmo papel? Neste caso, Deus escolherá aquele com melhores condições de representar, de dar vida para aquele personagem. É a metáfora do Sal da Terra. Todos nós vamos temperar, de acordo com nossos talentos, conquistados ao longo de muitas encarnações, a vida dos nossos irmãos espirituais.

Não importa se o que estamos vivendo é prova, missão ou expiação. Humanamente é impossível saber. Só do lado de cá é possível identificar e classificar aquele determinado fato. Às vezes, um único fato pode ser prova para um espírito e expiação para outro. Por exemplo, um espírito que passa décadas de sua vida encarnada sobre uma cadeira de rodas pode estar passando por prova, missão ou expiação. Vocês, do lado material da vida, não têm elementos para julgar. Nenhuma vida é feita só por provas ou só por expiações, ou só por missões. As três possibilidades se mesclam compondo o destino de nossa vida humanizada e encarnada.

É importante salientar que tudo isso já sabemos está impresso em nossa consciência, mas, ao escolher mais um gênero de existência e encarnar, passamos a acreditar que temos livre-arbítrio nos atos ou que podemos influenciar positiva ou negativamente na vida de outra pessoa. Não conseguimos compreender que cada um só recebe o que necessita e merece a cada segundo de sua existência. Mesmo de volta ao plano espiritual, a nossa consciência plena não se recupera de uma hora para outra, toda de uma vez. Continuamos a ver a vida com o mesmo ego, com a mesma personalidade. Só depois de algum tempo, que pode durar semanas, meses, anos ou até décadas é que despertamos nossa essência e nos desligamos do personagem vivido, e as pessoas com quem convivemos vão deixando de ser nossos filhos, nossos pais, nossos maridos, nossos sogros etc. para se transformarem apenas em irmãos espirituais, passando também por suas provações.

É por isso que dizemos, do lado de cá, que a encarnação não termina com o desencarne, mas apenas com o desligamento do ego, ou seja, quando nos desligamos da personagem que vivenciamos em nossa última encarnação e recuperamos nossa verdadeira consciência, como se fossemos atores após o término de mais um trabalho. Enquanto estivermos ligados ao personagem representado, não teremos como vivenciar outros papéis. Aquela humanização ainda não terminou, mesmo que o espírito esteja desencarnado.

Neste livro, por meio da minha história, do que vivenciei em minha última encarnação e do que vivi na chamada "erraticidade", quero demonstrar a influência do plano invisível em nossa existência. Quero apresentar como os espíritos agem nos bastidores da vida, guiando nossos passos e até nossos pensamentos. Como salientei, nada disso acontece sem a permissão divina. No palco da vida humanizada ninguém é vítima ou algoz. Somos todos irmãos espirituais aprendendo a amar universalmente, ou seja, a ser benevolente, indulgente e perdoar a todos, principalmente os que pensam e agem de forma diferente do que acreditamos ser o certo.

De forma didática, podemos dizer que o mundo material é a terceira dimensão. Os espíritos desencarnados, mas ainda iludidos pelo ego, habitam a quarta dimensão, chamada também de Astral. A diferença entre elas é de grau e não de natureza. Ou seja, basta relaxar a mente ou as ondas cerebrais para se conectar com essa dimensão.

Como se diz do lado de cá, o mundo Astral ainda não é o mundo espiritual propriamente dito. O mundo Astral é importante para a encarnação do espírito, após escolher seu gênero de provas, mas é um estágio para que o espírito possa recuperar sua consciência espiritual plena. Pode até ser chamado de purgatório, uma vez que serve para limpeza, para a purificação do espírito antes de vivenciar a "segunda morte", que seria o desligamento do ego ou da personagem vivenciada na Terra e recuperar a consciência plena. Mas não se preocupem, na terceira unidade desse livro vou descrever com mais detalhe como se processa a "descida" e também a "subida" do espírito durante a sua fase humanizada, a única regida pela lei de causa e efeito ou carma.

Enfim, após essa introdução, posso começar a história que pretendo contar.

O contexto material e espiritual

Nessa primeira parte do livro, vou me apresentar como um espírito desencarnado, preso ainda ao ego, tentando prejudicar ou ajudar alguém encarnado, sem se aperceber que é também um instrumento do carma ou um instrumento inconsciente de Deus. Sem essa consciência, este desencarnado sofre se não consegue atingir os seus objetivos ou fica eufórico se acontece aquilo que deseja, acreditando que agiu livremente em seu ato, mesmo estando do lado invisível da vida. A única diferença entre o desencarnado ainda preso ao ego e o encarnado é a possibilidade de agir de forma invisível, quase imperceptível no palco da vida humanizada e encarnada.

E mesmo que sua ação aconteça, seja influenciando mentalmente algum encarnado ou até afetando os objetos físicos, isso só acontece porque ele teve permissão daqueles que, paradoxalmente, também são invisíveis para ele. Mas com uma grande diferença: são espíritos conscientes e esclarecidos. São aqueles que habitam a quinta dimensão ou outras superiores.

Na casa de Deus há várias moradas, e tudo provém de cima para baixo. Nunca o contrário. E como a diferença entre a terceira e a quarta dimensão é apenas de grau, o desencarnado só supera essa alternância entre euforia e desespero quando se livra do ego e recupera sua consciência espiritual plena, ou seja, quando é capaz de se lembrar de suas existências passadas, compreender seu estágio evolutivo e ter condições de planejar uma nova aventura encarnatória, vivenciando um novo gênero de existência com suas provas, expiações e missões.

Por meio da minha história de vida, vou tentar expor como esse processo acontece no palco da vida humanizada e encarnada do espírito.

Capítulo 1

O obssesor não passa de um desencarnado iludido pelo ego

Nossa história começa em 1874, quando aconteceu a morte de uma poderosa mulher da elite agrária paulista. Duas famílias ricas haviam se unido, porém, a ambição do marido era tanta que ele armou uma emboscada para matar a esposa e ficar também com seu dinheiro. Com seu poder político e econômico, não foi difícil convencer a sociedade de que ela havia sido envenenada por uma escrava de confiança. Na verdade foi o que aconteceu, mas a mando do marido.

Quando ela desencarnou, eu estava com 24 anos e nem desconfiava das intenções daquele homem que era o meu tio, irmão de minha mãe, e que se tornaria, em breve, o meu sócio em um empreendimento grandioso. Eu sabia apenas que ele seria um dia o meu sogro, uma vez que o casamento com a minha prima já estava arranjado pela família, desde o nascimento dela.

Anos antes da morte da sua esposa, o coronel, como ele era conhecido, comprou uma fazenda no interior do Estado de São Paulo, que se transformou em uma das mais importantes exportadoras de café do Brasil. A fazenda era muito dinâmica, com muita gente circulando e trabalhando dentro dela, durante várias décadas. Toda essa movimentação de pessoas e de dinheiro enchia de orgulho o poderoso coronel.

As festas religiosas e populares também movimentavam a fazenda. Muitos namoros e casamentos aconteciam na pequena capela que ficava ao lado do casarão, mas também muitas brigas, traições, tragédias e muita dor foram vivenciadas naquele local. Após o fim da escravidão, e com a chegada dos imigrantes, muitos conflitos aconteceram entre negros e italianos, com muitos casos parando na delegacia de polícia.

Eventos políticos também aconteciam com frequência. Apesar de apoiarmos a República, foi em uma propriedade do coronel que o Imperador Dom Pedro II se hospedou em 1886. O café produzido em nossa fazenda era muito apreciado em Londres, inclusive pela rainha da Inglaterra, e em tantos outros locais da Europa, que o nosso Imperador ficou interessado em conhecer aquele local que produzia tão importante café.

Ele não dormiu na fazenda. Hospedou-se em um palacete do coronel no centro da cidade, onde um jantar de gala lhe foi oferecido. Republicano convicto, eu não participei daquele encontro, apesar das insistências do Imperador e ser primo de Rodrigo Silva, que era Ministro do Império.

A proclamação da República era iminente. A guerra do Paraguai havia enfraquecido muito a Monarquia. Ao dar liberdade aos escravos que lutassem na guerra, o Imperador abriu um precedente para a Lei do Ventre Livre, em 1871. A guerra também fortaleceu o Exército, na época, influenciado pelo Positivismo de Augusto Comte. Com a criação do Partido Republicano Paulista, em 1873, possibilitou-se uma base política sólida de oposição à Monarquia. Por este partido eu fui eleito deputado federal, em 1890, e, no início do século XX, senador da República.

Porém, como já salientei, a ex-mulher de meu sócio e mãe da minha esposa, morreu envenenada. Ela sabia que o responsável tinha sido o coronel, seu marido, e, por isso, desencarnou com muito ódio e prometendo vingar-se dele. Sua presença no plano invisível da vida influenciou diretamente as muitas brigas e desavenças que aconteceram na família.

Eu e meu sogro também vivíamos em pé de guerra. Ela só não conseguiu evitar o sucesso da produção de café porque isso estava escrito para acontecer e não podia ser diferente. Essa interferência só acabou no dia em que uma de suas filhas, muito sensível e apreciadora das artes, mas com uma mediunidade ostensiva e descontrolada, cometeu suicídio quando descobriu que aquela morte tinha sido tramada pelo coronel, o seu próprio pai.

Antes de despertar desse pesadelo obsessivo, que durou quase quatro décadas, a ex-mulher do coronel conseguiu influenciar, e muito, a história da família. Ela se sentia orgulhosa de seu poder. Acreditava piamente que era capaz de interferir ou de influenciar a vida das pessoas, podendo ajudar quem ela queria e prejudicar seus desafetos, principalmente seu ex-marido, responsável por sua morte, e sua nova esposa, que ela tanto invejava.

Ela não tinha consciência de que agia como um instrumento divino. Ela só conseguia influenciar porque tinha permissão para isso e, ele, o coronel, o merecimento negativo para sofrer essa obsessão, e por tanto tempo.

A libertação de todo esse ódio pelo ex-marido e por sua segunda mulher só acabou quando um fato muito doloroso aconteceu: a morte de sua segunda filha, que gostava muito de pintar e de patrocinar corridas de cavalos, entre outros esportes, que nunca resolveu se casar, apesar de seus vários casos amorosos. Era uma mulher libertária para a época. Porém, apesar de tanta fibra e garra não suportou saber a verdade sobre a morte da mãe e cometeu suicídio.

Essa morte trágica, na segunda década do século XX, despertou a alma da ex-mulher do coronel. Ela tentou influenciar de toda maneira para que o ato não fosse consumado. Sua dor foi tão intensa que se esqueceu daquela necessidade de vingança que guardava no coração. Esse processo obsessivo, doloroso para ela também, estava para completar 40 anos. Por quase quatro décadas, sua mente esteve praticamente focada na ideia de vingança. Arruinar a vida do coronel foi o seu maior desejo durante esse período.

Eventualmente, e por pouco tempo, ela libertava-se de tanto ódio quando via o neto, meu filho, o Júnior, brincando na fazenda onde este passou parte significativa de sua infância. Nesses momentos em que acompanhava o neto, seu coração, ou melhor, sua alma, encontrava um momento de paz e ela vivia um momento sublime de plenitude. Logo que via ou pensava no coronel, voltava sua atenção ao desejo de vingança que a mantinha presa na Terra e naquela fazenda que a fazia sofrer.

Na verdade, ela culpava o coronel e a fazenda pelo seu sofrimento, ignorando que ninguém é capaz de nos ofender se não permitirmos. Ela também ignorava que aqueles poucos momentos sublimes já estavam dentro dela e que poderia vivenciar qualquer situação sem perder sua paz interior. O amor, a felicidade e a sensação de plenitude são os principais atributos do espírito. Não estão fora, mas dentro do próprio espírito. Basta vivê-los! O encarnado e o desencarnado preso ao ego condicionam seu amor e sua felicidade. Busca fora o que sempre esteve dentro dele.

O Júnior foi o último dos meus dez filhos, sendo que quatro morreram antes de ele nascer. Do lado de cá, descobri que o Júnior era a reencarnação de um que teve uma morte trágica, caindo dentro de um poço, quando a família morava na cidade de São Paulo enquanto eu morava, sozinho, no Rio de Janeiro. A dor que eu sentia pela perda desse filho só passou com o nascimento do Júnior. De alguma forma, minha alma sabia que se tratava do mesmo espírito, e isso trazia, de forma inconsciente, a paz que eu precisava para continuar vivendo.

Mas, voltando à minha sogra, os atributos do espírito, que são eternos, podem permanecer adormecidos, inclusive entre os desencarnados. Aquela paz que ela sentia quando contemplava o neto e o amor que irradiava eram alguns dos atributos do espírito que já estavam dentro dela, em sua essência. Porém, ela não sabia que poderia manter aquele estado em qualquer circunstância, seja ela positiva ou negativa.

Ainda presa ao ego, ela não conseguia enxergar no coronel um irmão espiritual passando também por provas, expiações e missões. Apesar de desencarnada, ela via o coronel como o homem que traiu sua confiança e daí vinha a sua sede de vingança.

É por isso que, mais importante que a encarnação, é a humanização do espírito. Mesmo que a encarnação termine, enquanto preso ao ego, estamos presos à mesma humanização. Só quando esta termina, ou seja, quando o espírito se liberta plenamente da personagem que criou para viver durante sua encarnação é que esta realmente livre. Quando se liberta da carne, mas não do ego, o espírito fica na dimensão astral vivendo as ilusões da personagem que criou para viver suas provações.

Infelizmente, esse ódio só se desfez plenamente quando sua filha soube que a morte da mãe havia sido planejada pelo próprio pai. Em um momento de loucura, ela resolveu tirar a própria vida. Em um ato tresloucado, cometeu o suicídio.

Naquele instante, o ódio pelo ex-marido foi substituído por um sentimento de culpa. Chocada com a atitude da filha e por não conseguir impedir o suicídio, em prantos pediu amparo a Deus em fervorosas preces. Ela se mostrava realmente arrependida, mas era tarde. Pela primeira vez pensou que se tivesse perdoado o coronel ao desencarnar, nada daquilo teria acontecido.

Quis acolher a filha no plano invisível da vida, como fez quando meus filhos morreram, mas não conseguiu. Ela teve permissão para acolher os netos porque seus mentores acreditavam que esse fato a ajudaria a recuperar sua consciência. Mas o ódio era tanto, que logo voltava sua atenção à vingança contra o coronel.

No caso da filha foi diferente. Como na casa de Deus há várias moradas, a alma desta foi atraída vibratoriamente para um local onde a ex-mulher do coronel não conseguia ter acesso. Não ter como amparar aquela alma em sofrimento, aumentava também o seu desespero.

Ela passou a acreditar que era por sua culpa que a fazenda passava por crises financeiras no começo da segunda década do século XX. Ela não tinha afinidade com um dos administradores da fazenda, e o estimulava a gastar o dinheiro da família com carros, mulheres e bebidas. Agindo dessa maneira, acreditava que em breve todo aquele local estaria falido e ela poderia, finalmente, se libertar de lá, concluindo sua vingança, uma vez que o coronel já havia desencarnado e se tornado escravo dela. Só faltava, em sua mente, acabar com a fazenda.

No entanto, com a morte da filha e se sentindo culpada, passou a desejar reparar os seus erros. Ela queria novamente aproximar a família e salvar o empreendimento. Mas ela não entendia que sua ação fazia parte do roteiro ou do que estava programado para acontecer. A crise da fazenda era iminente. Geadas, crises econômicas, alagamentos, pragas... Nada disso era culpa dela. E eu, minha esposa e meu filho Júnior concluímos que o melhor, naquele momento, era vender a fazenda. Estávamos em 1919, e não enxergávamos outra alternativa. Naquele ano, a família se desfez da fazenda, mas não do carma contraído naquele lugar.

Capítulo 2

A prova do desapego:
a luta contra o ego

Após a encarnação, esquecemo-nos de que a escolha do nosso gênero de existência aconteceu enquanto gozávamos de nossa consciência plena. Junto com os espíritos que vão encarnar no seio familiar, e de nossos mentores, fazemos nossa programação encarnatória. É importante frisar que somos todos irmãos espirituais passando por experiências humanizadas. Não somos seres humanos que eventualmente passam por experiências espirituais. Mas, graças ao véu do esquecimento, cada encarnação parece começar do zero, como se fôssemos "tabula rasa".

Minha última encarnação começou em março de 1850. Meu pai foi um médico inglês que veio morar no Brasil, na cidade de São Paulo, em 1832. Ele ficou conhecido como "médico dos pobres". Por sua vez, minha mãe descendia da tradicional família Bueno. Fazia, portanto, parte de uma importante família "quatrocentona", como era conhecida a elite paulista tradicional.

A família do coronel era muito grande e quase todos acabaram envolvidos com fazendas de café. Rio Claro, São Carlos, Cravinhos e outras cidades do interior do Estado de São Paulo e também no Paraná tinham a marca da família dele. Na fazenda nasceu o gosto por corridas de cavalos, uma paixão que envolveu vários homens e mulheres daquela família.

Eu cresci com liberdade e, desde pequeno, sempre fui muito independente e curioso. Em 1864, meu pai me mandou para os Estados Unidos para estudar medicina na Universidade da Pensilvânia. A viagem para Santos foi pela "estrada da maioridade", aberta pelo Senador Vergueiro. E a viagem para os Estados Unidos foi a bordo de um veleiro de cinco mastros, o "Santa Maria". Durante os três meses da viagem, fomos surpreendidos por tempestades e vendavais que assustavam, mas não abalavam minha convicção de estar fazendo a coisa certa. E sentir medo, mas não desistir jamais, enfrentando, foi uma constante em minha vida, principalmente, na política.

Nos Estados Unidos entrei em contato com a história norte-americana, e Lincoln e Washington tornaram-se referências na minha formação política e social. Posso dizer que eles se tornaram os meus ídolos no campo político. A guerra civil naquele país estava no fim e eu fiquei encantado com o idealismo liberal republicano. Este, a cada dia, se tornava mais forte dentro de mim. E junto com ele também o sentimento abolicionista.

Antes de voltar ao Brasil, fui para a Europa onde, com a companhia do meu pai, que acabara de ficar viúvo, conheci a Inglaterra, a França e a Alemanha. Meu retorno para o Brasil se deu em 1870 e, quatro anos depois, aconteceu o meu casamento com minha prima, um casamento que já havia sido acertado dentro da família desde o nascimento dela. Eu ainda era um meninote, mas cresci ouvindo e aceitando que eu e ela nos casaríamos. Eram comuns os casamentos dentro da própria família. Dessa forma, mantinha-se o poder econômico e também o político concentrado em poucas mãos.

Com tudo arranjado e seguindo um roteiro que era predestinado, abandonei a prática da medicina e segui meu tio e sogro em uma grande empreitada pelo interior do estado de São Paulo, em outubro de 1874, no mesmo ano em que morreu a minha sogra e eu me casei, atravessando a "boca do sertão", como era conhecida, até aquele momento, a região de Rio Claro, com cerca de 100 escravos e outros 100 caboclos assalariados em grandes carroções puxados por burros e bois.

Foram dez dias pelo sertão inóspito para chegar naquele local de terra roxa propícia para o plantio de café, mas ainda coberta por extensa vegetação arbórea, margeando o rio Mogi e seus afluentes, o Quilombo e o Araras.

O meu sogro já tinha experiência com a plantação de café e cana, uma vez que possuía no "Morro Pelado", em Rio Claro, uma fazenda. A casa, em estilo colonial, manifestava toda sua feição patriarcal. Da via férrea, era possível ver o casarão e, em seu redor, as construções do núcleo agrícola onde a cana se transformava em açúcar e cachaça.

A fazenda não era suficiente para suas ambições. Ele tinha tanta gana e uma alma de desbravador que sempre queria mais. Era muito perspicaz e, prevendo a expansão da linha férrea, resolveu investir nas terras roxas de São Carlos, onde começou o plantio de café, milho e cana, após derrubar a espessa mata.

Em 1875, ano seguinte a um surto de varíola que deixou a cidade de São Carlos assustada, nós começávamos o sonho de transformar aquela região em um latifúndio cafeeiro. Eu vivia uma angústia interior muito grande. Nós tínhamos escravos e conviver com essa situação era muito difícil para mim. Ao mesmo tempo em que era abolicionista, que defendia os ideais liberais da República, eu precisava de escravos para os negócios da família.

Eu e minha esposa tentávamos tornar a relação entre senhores e escravos, e a vida deles dentro da fazenda, a mais humana possível. E o uso da mão de obra escrava era um dos principais motivos das brigas que tinha com meu sogro. Ele ficava muito irritado com a filha quando a via tentando ensinar os escravos a ler ou os tratando com humanidade.

Para ele, a escravidão era um fenômeno natural. Não sentia nenhum remorso por usar o trabalho daqueles homens e mulheres para satisfazer sua necessidade de acúmulo de dinheiro e poder. Comparando com outros fazendeiros, porém, tratava bem seus escravizados. Não era suficiente para mim e para minha esposa, o que resultava em constantes brigas entre os dois sócios.

O faro do meu sogro para os negócios não falhava. No ano seguinte, em 1876, começou a construção da estrada de ferro São Carlos – Rio Claro como ele previa. E os anos seguintes foram de muito trabalho na fazenda para, finalmente, em 1880, comemoramos a nossa primeira pequena safra de café, que renovou nossa esperança e crença de que, apesar das brigas, estávamos no caminho certo. Nem mesmo o novo surto de varíola em 1879 nos assustou. Fechamos o ano com uma grande festa na fazenda.

O coronel podia controlar com mão de ferro a fazenda, mas não deixava de lado uma festa. Alto, com 1,90 m, rudimentarmente alfabetizado por padres católicos, mas de uma inteligência perspicaz, adorava contar causos e anedotas. No meio do ano, nas festas juninas, ou no final do ano, gostava muito de ver as pessoas festejando ao som de uma boa música e muita dança, com fartura de comida e bebida.

Eu era, aparentemente, muito diferente dele. Eu era introspectivo e aparentava ser uma pessoa calma e fria. Mas era só fachada. Por dentro eu era também impetuoso, irritadiço e muito cabeça dura. E só levava vantagem sobre o coronel em uma coisa: na "queda de braço".

Até 1884 o café ali produzido precisou ser exportado pelo rio Mogi Guaçu. Em carros de bois o café seguia da fazenda até o porto que levava o nome do meu tio. De lá, em um navio a vapor, o café viajava até a cidade de Porto Ferreira para, finalmente, seguir para o porto de Santos através do trem e ser vendido e exportado.

Por 18 anos consecutivos o café da fazenda foi cotado entre os primeiros colocados na Bolsa do Café de Londres. A rainha Vitória, da Inglaterra, era uma grande apreciadora e propagandista no nosso café. O sucesso alcançado fez com que cerca de cinco mil pessoas trabalhassem na fazenda. Primeiro, os escravos que viviam na senzala, e depois os colonos, que moravam nas pequenas vilas, trabalharam para lapidar suas almas eternas.

Esse sucesso material só foi possível porque estava escrito para acontecer. Nada seria capaz de impedi-lo, nem mesmo a ira da ex-esposa do coronel. Ela, no plano invisível da vida, tentava atrapalhar de todas as formas a vida do ex-marido. Não queria ver aquele progresso acontecer. Sua ação obsessiva, porém, resultou no rompimento da sociedade que eu tinha com o meu sogro, em 1881. Nossa parceria só seria reatada em 1895, quase quinze anos depois.

Minha esposa tentava sempre apaziguar nossos conflitos, pensando no bem-estar da família. Ela nunca ficou totalmente do meu lado e nem do próprio pai. Tentava, com a paciência que Deus lhe deu, resolver de forma pacífica aquela animosidade que crescia entre eu e meu sogro.

Porém, em 1881, a convivência com ele chegou a um nível insuportável. Nosso relacionamento era infernal. As nossas brigas eram diárias e pelas menores coisas. O fim da sociedade era inevitável e eu resolvi encontrar a paz que necessitava indo morar na cidade de Rio Claro.

Encontrando-me angustiado, resolvi escrever uma carta para minha esposa e perguntei a ela se preferia continuar na fazenda com o pai ou se iria embora comigo. Ela teria de optar. Não era mais possível para mim aquela situação. Eu não podia mais viver no mesmo teto com o meu sogro.

Nesse momento, sua mãe usando a força mental que possuía, conseguiu influenciar a filha. Esta, que sempre buscava um caminho para apaziguar aquela crise, não conseguiu. Influenciada mentalmente pela mãe, que acreditava que o fim da sociedade seria também o fim de seu ex-marido e da fazenda, pegou os quatro filhos que tínhamos na época e mudou-se também para Rio Claro, acompanhando-me em uma nova jornada de lutas e muitas dificuldades. Uma nova etapa de provas, expiações e missões estava escrita para acontecer para nós.

Como já salientei, até os obsessores são instrumentos de Deus. A separação na sociedade era necessária e ela foi o instrumento para esse processo acontecer. Mas não aconteceu da forma como esperava. A fazenda do meu sogro prosperava e muito, mesmo sem a minha presença por lá. Ela imaginava que o ex-marido não teria condições de tocar aquele empreendimento grandioso sem minha ajuda. Ela estava enganada.

Deixando-a desconsolada, em 1883 a linha férrea entre as cidades de São Carlos e Rio Claro entrava em funcionamento. A fazenda do meu sogro não precisava mais exportar o café através do rio Mogi Guaçu e sua produção se tornava cada vez mais famosa. Em 1886 recebeu até a visita do Imperador Dom Pedro II.

No ano seguinte à visita do monarca brasileiro, a fazenda produziu 60 mil arrobas. Por sua vez, nós, em Rio Claro, enfrentávamos muita dificuldade na fazenda que eu havia comprado com minha esposa, mas não nos desanimávamos e nem invejávamos o sucesso do meu sogro. Com muita garra e trabalho transformamos aquele local praticamente abandonado em um modelo de fazenda.

Ao chegarmos à nossa nova propriedade, encontramos escravos morrendo ou muito doentes, a lavoura abandonada e a casa sem forro e água encanada, com as paredes esburacadas, entre outros problemas que, se não fossem a minha impulsividade e a minha imprudência, além do amor de minha esposa e de meus quatro filhos, teria desistido e abandonado a ideia de começar novamente do zero uma nova empreitada.

Apesar de termos recuperado aquela fazenda, meu maior orgulho foi poder manter bem nutridos os nossos escravos, permitindo tempo suficiente para que pudessem ter descanso e lazer, além de evitar que lá se praticasse qualquer forma de castigo. Minha esposa fazia questão de dar descanso a todos no dia em que ela fazia aniversário. Nesse dia, eles batucavam do nascer ao por do sol, e cantavam e dançavam seus sambas e outros ritmos musicais.

Nesses dias, eu conseguia deixar meu gênio irritadiço de lado e era capaz de ficar admirando aqueles irmãos espirituais que viviam uma dura provação e, com muita resiliência, permaneciam alegres e felizes. Ao mesmo tempo em que eram fortes como leões, manifestavam a ternura dos cordeiros, parecendo almas puras e ingênuas. Eu ficava intrigado com o comportamento deles e não me dava conta da força espiritual que possuíam.

Apesar de vários percalços e das dificuldades que enfrentávamos, em 1887 consegui apaziguar o conflito que doía em minha alma. Senti uma paz indescritível quando libertei meus 42 escravos. Este ato também apaziguou meu coração por ter perdido, até aquele momento, três filhos.

Apesar de gostar do trabalho na fazenda, meu ideal abolicionista e republicano estava me levando naturalmente para a política. Em 1890, fui eleito deputado federal e vendi, por um preço irrisório, a minha fazenda em Rio Claro mudei-me para o Rio de janeiro, deixando a minha família em São Paulo, pois tinha medo que minha esposa e filhos pegassem a febre amarela que assolava o estado carioca.

Como deputado federal, atuei na elaboração da primeira constituição republicana. Esta deixou muito a desejar, pois concentrou ainda mais o poder, prejudicando o Estado de São Paulo. Somente após a minha morte fui compreender que, se fosse diferente, haveria risco enorme de o país ser dividido em várias republiquetas. Eu já sabia, mas não me lembrava, de que não cai uma folha de árvore sem que Deus permita. A primeira constituição da República foi a que tinha de ser naquele momento.

No ano seguinte, em 1891, houve a dissolução do congresso pelo presidente Deodoro da Fonseca. No Rio de Janeiro, eu morava no Hotel Nacional e dividia o quarto com o também deputado Paulino Carlos de Arruda Botelho. Além da agitação política, recebi uma triste notícia: um de meus filhos havia caído em um poço e morrido. Foi um duro golpe. Minha alma ficou arrasada.

Procurando buscar forças para superar mais uma tragédia na minha vida, lembrei-me de nossa fazenda em Rio Claro, que de um local abandonado se transformou, em pouco tempo, em um oásis de fartura e felicidade. Se eu tinha conseguido aquela façanha, não era motivo para desespero. Respirei fundo e assumi um novo desafio: liderar com meu amigo Paulino e outros companheiros a resistência ao golpe realizado pelo Presidente da República e salvar o Estado de São Paulo e, ao mesmo tempo, minha família.

Em Rio Claro teve início um movimento bélico, que tinha por meta a renúncia de Américo Brasiliense, que governava o Estado de São Paulo e apoiava o Presidente da República. Apesar do plano para neutralizar nossa ação e me fuzilar, acabei sendo levado pelo destino a ser um dos líderes desse movimento que afastou Américo Brasiliense do governo paulista e resultou, inclusive, na renúncia do Marechal Deodoro da presidência da República, para que Floriano Peixoto assumisse o cargo.

Também não era a minha intenção, mas o destino fez com que assumisse outro papel político que não acreditava ser capaz de realizar: reaproximar o governo federal e o governo estadual, agora administrado por Bernardino de Campos. Felizmente, apesar dos meus receios, tudo aconteceu como tinha que acontecer.

Uma nova etapa na história política do país começou a ser escrita a partir daquele momento tumultuado dos primeiros anos da República no Brasil. Sem saber que até na política os espíritos agem nos bastidores para acontecer o que precisa acontecer, fiquei feliz com aquele processo, e me tornei um político mais confiante, mesmo não sendo um estadista e nem tendo ambição pelo poder.

Talvez eu tenha sido o escolhido para esse papel pelo fato de conviver bem com pessoas de todas as camadas sociais, de todos os níveis culturais, de todos os níveis econômicos e grau de instrução. Quando desencarnei em 1925, não tinha um inimigo sequer, felizmente!

Como eram constantes as viagens que fazia entre São Paulo e o Rio de Janeiro, isso me afastava demais de minha família. Percebendo o desgosto de minha esposa, em 1895, ano em que o bonde puxado por animais começou a circular na cidade onde se localizava aquela enorme fazenda, e que também teve início mais uma epidemia, dessa vez de febre amarela, eu e meu tio nos reconciliamos e eu voltei a fazer parte da administração daquele empreendimento fabuloso.

Não sei de onde eu tirava forças para atuar no Rio de Janeiro, na Câmara dos Deputados, em São Paulo, cuidando da direção do Partido Republicano Paulista e, no interior do estado, administrando aquela lavoura cafeeira que não parava de crescer.

A febre amarela, até 1898, matou, naquela cidade, mais de 800 pessoas. E ela foi um dos fatores que estimulou uma forte migração para a vila chamada Quilombo, foi formada ao lado da fazenda. Entre 1884 e 1920, o Brasil recebeu cerca de três milhões de imigrantes, a maioria italianos. Em torno de 60% deles ficaram no estado de São Paulo, e muitas famílias encontraram no interior de nossa fazenda as condições adequadas para vivenciar suas provações, expiações e missões, como colonos, enquanto outras viviam na vila.

Centenas de famílias e várias colônias animavam a vida que pulsava dentro da fazenda. Em 1905, contávamos com um milhão de pés de cafés e o pequeno núcleo urbano chamado Quilombo não parava de crescer, reunindo alfaiates, barbeiros, médicos, professores e uma infinidade de profissionais liberais que viviam em função da plantação, colheita e exportação de café, totalizando quase 20 mil pessoas.

Uma grande guinada em minha vida se deu em 1896, ano que a Santa Casa foi inaugurada na cidade para ajudar no combate à epidemia. Foi neste ano também que nasceu o Júnior, meu filho amado que só me deu orgulho, mesmo após a minha morte, quando tornei-me uma espécie de guia espiritual dele, permanecendo sempre ao seu lado até o seu desencarne, em 1974, quando nos reencontramos do lado de cá da vida. Tínhamos muita divergência. Eu era romântico e ele realista. Eu era abolicionista e ele acreditava que havia sido um erro libertar os escravos sem indenizar os fazendeiros. Eu discursava de improviso e ele sempre de forma organizada e metódica. Em minha vida só escrevi um livro e, mesmo assim, ele ficou engavetado. Nunca foi publicado. Ele, por sua vez, produziu uma vasta obra.

Com o nascimento dele, o sentimento de culpa por ter perdido um filho em um acidente, caindo dentro de um poço, desapareceu. Eu me sentia culpado por estar no Rio de Janeiro enquanto minha família continuava em São Paulo. Se eu estivesse por perto, teria impedido, eu pensava.

Em 1895, eu havia me reconciliado com o meu sogro e, no ano seguinte, meu caçula tinha nascido. Tudo isso reacendeu minha vontade de atuar firmemente na fazenda. Eu estava com 45 anos e me sentindo no melhor momento da vida, tanto física como mentalmente. Eu sentia a mesma força e energia de quando tinha apenas 25.

Na fazenda eu só tinha acompanhado a safra de 1880 e tinha me encantado. E agora seria ainda melhor! A República, mesmo com seus problemas, havia superado a Monarquia e a mão de obra escrava não mais existia.

Juntou a tudo isso o fato de minha ex-sogra manifestar um amor descomunal pelo neto. Esse sentimento era tão forte que começou a ganhar espaço em seu coração, fazendo com que ela se esquecesse, por alguns momentos, do ódio que nutria por seu ex-marido e ajudando a mudar a ambiência dentro da fazenda.

Ela continuou exercendo sua ação obsessiva contra o coronel, mas agora levava em consideração o neto. Não queria que este fosse prejudicado por suas perseguições espirituais àquele homem que havia traído a sua confiança.

Como já salientei, quando o Júnior nasceu, senti uma paz muito reconfortante. A culpa que sentia por perder um filho, imaginando que poderia tê-lo salvado se estivesse em casa ao lado dele, passou repentinamente. Era como se uma mão invisível tivesse tirado aquele aperto do meu coração. Somente, do lado de cá, fui saber que se tratava do mesmo espírito.

Foi graças a esse amor pelo neto que ela conseguiu, mesmo não sendo a sua intenção, aproximar-me ainda mais do meu tio e sogro. E para que nada acontecesse com o neto, ela ajudou de forma ostensiva na caçada que a polícia fez ao famoso bandido Dioguinho, morto pela polícia dentro de nossa fazenda.

O ano era o de 1897. O governo do Estado de São Paulo organizou uma força-tarefa para caçar o bandido Dioguinho. Ele era acusado de ter cometido mais de 50 assassinatos entre os anos de 1894 e 1897. Sua fama era a de ser um assassino cruel e possuidor do "corpo fechado", de forma que ninguém era capaz de feri-lo.

O que de fato acontecia é que Dioguinho era protegido por vários fazendeiros, inclusive por meu tio. A situação era complexa e de difícil resolução. Muitos de seus assassinatos foram realizados a mando de proprietários rurais e ele encontrava, com frequência, a proteção destes. Quantos fazendeiros não compravam terras de antigos posseiros e pagavam com dinheiro vivo. Assim que o vendedor recebia, era atacado, morto e roubado. Quanto carma essa prática tão comum naquela época não gerou!

Com a prisão de Dioguinho em propriedade que também era minha, e como eu era rival político de Campos Salles, governador do Estado, e estávamos em campanha eleitoral, tive de escrever uma carta na qual defendi minha imagem pública, afirmando que não estávamos protegendo aquele homem. No fim das contas, fomos inocentados pela justiça e essa minha ação tranquilizou o meu tio, que se sentiu em dívida comigo.

Dioguinho não era um bandido comum. Ele havia sido agrimensor e oficial de justiça, e possuía terras em várias cidades da região central do Estado. Para provar que ele havia cometido os assassinatos encomendados por outros fazendeiros, ele costumava cortar uma orelha de sua vítima e enviar para o mandante. As mortes encomendadas foram se espalhando pelas cidades da região e Dioguinho foi virando um mito, gerando medo em alguns, mas também admiração em outra parte da população.

E como foi que a minha sogra, do outro lado da vida, resolveu ajudar a polícia? Ela tinha muito receio que seu neto virasse vítima de alguma emboscada ou chantagem do Dioguinho. Assim, pensando em protegê-lo, achava que levando a polícia até o paradeiro do bandido, este deixaria de ser um perigo e também seu ex-marido acabaria preso como cúmplice. Ela acre-

ditava que seu plano daria certo e sua vingança estaria, finalmente, realizada.

Como já salientei, até os obsessores são instrumentos da
ação divina. E ela não tinha a menor noção de que estava fazendo exatamente o que tinha que fazer. Ela não percebia que
era um instrumento inconsciente da ação carmática necessária
naquele momento histórico. E, de fato, a polícia conseguiu chegar até o Dioguinho, mas o resultado final foi diferente do que
ela esperava. Até porque acontece sempre o que tem que acontecer e não aquilo que desejamos que aconteça. Por isso nossa
consciência nos julga pela intenção e não pelos fatos em si.

O cerco policial encontrou o esconderijo do Dioguinho,
mas meu sogro escapou da acusação de ser cúmplice e de esconder em suas propriedades o famoso bandido. Por um lado, ela
ficou feliz porque o neto estava protegido e não seria ameaçado
em alguma chantagem, mas, por outro, ficou revoltada por seu
plano para prender o coronel ter falhado.

Daquele momento até 1903, quando veio a falecer, meu
sogro resolveu se afastar da administração da fazenda. Ele já
estava cansado e não queria mais se ocupar e se preocupar com
os destinos daquele lugar. Aliás, esse fato com o Dioguinho foi
o momento crucial para ele vivenciar seu processo metanoico
ou de transformação interior.

Uma sensibilidade escondida nos recônditos da alma começava a se manifestar e ele parecia mais afetual com as pessoas
ao redor. Alguns anos antes ele já começava a demonstrar um
pouco mais de compaixão pelos outros. E um dos que se bene-
ficiaram dessa mudança que começava a se processar na alma do
coronel foi um ex-escravo que ficou conhecido como "Pata Seca".

Meu sogro o adquiriu para ser uma espécie de procriador
antes mesmo de comprar sua enorme fazenda. Os rumores de
que o tráfico de escravos seria proibido fez com que muitos
fazendeiros passassem a buscar formas de adquirir novos escravos. E uma das estratégias era através do nascimento de novos
escravos.

Com mais de 2 metros de altura, forte e com canelas finas,
ele recebeu o jocoso apelido de "Pata Seca". Com ele, várias
escravas tiveram filhos. Era uma das formas de meu tio manter

sua mão de obra escrava, antes e depois do nosso empreendimento.

A lei do Ventre Livre foi aprovada em 1850, por pressão da Inglaterra, e, finalmente, estava proibido o tráfico de escravos da África para o país. Porém, assim como fez o meu tio, muitos fazendeiros passaram a ter os seus reprodutores: aqueles escravos cujo papel era estuprar e engravidar as escravas.

Certo dia, porém, o "Pata Seca" pediu para o coronel permissão para não mais fazer aquele serviço. Ele estava apaixonado por uma mulher e gostaria de se unir a ela. O coronel, que nutria certa afeição pelo escravo em questão, lhe deu alforria e um bom pedaço de terra para que pudesse começar sua vida em liberdade.

Capítulo 3

Voltar nem sempre significa regredir

Graças ao empenho de minha esposa, em 1895 estávamos de volta à fazenda. Vinte anos havia se passado daquela epopeia desbravadora. O café tinha se espalhado por toda a parte e novas construções se instalavam na paisagem. A casa da fazenda era a mesma, com seu ar patriarcal, com acomodações enormes e seu alto terraço no meio da edificação, de onde se podia acompanhar todo o trabalho realizado na fazenda.

Essa nova etapa trazia uma diferença significativa: presença do colono livre substituindo a mão de obra escrava. Com o predomínio de italianos, os colonos estrangeiros foram alojados em casas independentes, cada um com seu pomar, chiqueiro, pasto, horta e o que mais precisasse para sua subsistência.

Aquele mar de casas construído pelo coronel o enchia de orgulho e, por isso, não se cansava de dizer ter construído sem o auxílio do Governo Central. Apesar de republicano, o coronel, assim como muitos paulistas, estava descontente com os rumos que a República tinha tomado.

O coronel gostava de contar sua história, da dificuldade em conviver com um pai autoritário e ter fugido para o Paraná quando estava com 18 anos de idade, voltando apenas após a morte daquele e se tornado um tropeiro, vivendo da negociação de seus animais até se aventurar na produção e exportação do café.

A fazenda, com quase 5 mil alqueires de extensão, parecia um formigueiro humano. E eu ficava encantado observando a enorme casa de máquinas, toda de pedra e cimento, cheia de ligações de passadiços e trilhos que traziam o café lavado e seco para ser beneficiado. Além dela, também se destacava na paisagem o moinho de fubá de milho, a carpintaria, as cocheiras e outras construções que lá do terraço eu conseguia ver como se fosse uma sala de comando. Via também, lá embaixo, em uma pequena construção, uma cigana que foi trabalhar na fazenda, após ser expulsa de seu grupo e que encantava os homens com suas danças e sensualidade e a professora da fazenda, que gostava de fazer suas aulas com os filhos dos colonos ao ar livre, passeando com eles por jardins e plantações.

A velha fazenda que ajudei a construir, entre 1875 e 1881, e que ainda vivia da mão de obra escrava, baseava-se em uma poliprodução que coexistia com a exportação do café. Era imperativo que toda a produção de subsistência fosse feita lá. Era quase impossível receber de fora produtos para o consumo e, por isso, ela precisava ser autossuficiente.

Além do café para exportação, na fazenda produzia-se açúcar, feijão, milho, arroz, mandioca, carne de porco e outros alimentos. Até os sacos e outros tecidos utilizados eram confeccionados com o algodão plantado na fazenda e com a lã das ovelhas ali criadas. Apenas o sal, tanto o fino para cozinhar, como o grosso para dar ao gado, tinha que ser comprado. Este produto vinha do Rio Grande do Norte.

Até 1881, quando fui embora, o nosso latifúndio parecia um feudo com mais de duas mil pessoas. Era muito caro e difícil se comunicar com o mundo externo. O areião da estrada dificultava chegar ao centro da cidade, mesmo localizado a apenas cinco léguas. Para exportar o café, o esforço era gigantesco. Como não havia ainda a ferrovia em nossa cidade, até 1883 toda a produção da fazenda seguia pelo rio Mogi Guaçu, partindo do pequeno porto que levava o nome do coronel até a cidade de Porto Ferreira para, finalmente, seguir de trem até Santos.

Porém, nos quinze anos em que me mantive ausente, muita coisa mudou. A fazenda não estava mais isolada do resto do mundo. Em 1893, um ramal da Cia. Paulista chegava até a pequena vila, partindo de São Carlos, e aquela poliprodução para a subsistência não se fazia mais necessária. O café, assim, se apoderava de todo pedaço de terra roxa disponível. A monocultura do café se impunha. O antigo regime patriarcal, autocrático, havia desaparecido. E uma classe média mais exigente e consciente de seus direitos surgia entre a dos proprietários e a dos escravos que eu havia vivenciado ali.

Essa nova etapa da fazenda assemelhava-se com os meus desejos e visão de mundo forjada pela experiência nos Estados Unidos. Ela se aproximava dos meus sonhos enquanto um republicano liberal abolicionista. Além dos colonos que se dedicavam basicamente à produção rural e que moravam na fazenda, outra categoria de homens livres surgia, vivendo na vila, mas trabalhando lá: eram os ferreiros, mecânicos, maquinistas, carpinteiros, pedreiros, serralheiros, sapateiros, entre outros profissionais.

O Júnior, meu filho amado, o décimo que tive com minha esposa, nasceu ali na fazenda. Ele foi muito amado e paparicado pelos irmãos mais velhos, pelo coronel e até, pasmem, pela minha sogra, que do lado invisível, no Astral, o tratava como um filho. Sem que enxergássemos, ela tornou-se uma espécie de "amigo imaginário" do Júnior. Brincava com ele no cafeeiro, o observava atentamente quando resolvia montar em bezerros ou tomar banho nos tanques para lavar café.

Apesar de obsessora do coronel, ela era como um "anjo da guarda" do menino. Até os seis ou sete anos, ele costumava a ver e dizia "vovó, vovó...". Todos, com a exceção de um ex-escravo que minha esposa manteve na fazenda com sua família, sua irmã que cometeu suicídio e a cigana que ela contratou para ajudá-la nos serviços domésticos, achavam que era imaginação da criança.

Como nada acontece por acaso, no ano da morte do coronel, em 1903, eu fui eleito Senador da República. Para assumir o meu posto no Senado tive de me mudar para o Rio de Janeiro, na época, a capital do país. Em 1906, levei a família para lá, e meu caçula amado foi matriculado na famosa escola Alfredo Gomes, deixando para trás a vida no campo que tanto amava. Mas não se adaptou. No final daquele ano, resolvi que o jeito era levar minha esposa e meu filho para São Paulo, e ele foi matriculado no colégio São Bento.

Entre 1907 e 1910, costumava viajar a cada dois meses para São Paulo e visitá-los. Aproveitava para também ir à fazenda. A viagem era feita pelo noturno que vinha a São Paulo, varando a madrugada.

Eventualmente, nas férias, eles é que iam para o Rio de janeiro. Foi um momento difícil para todos. Minha relação com minha esposa ficou desgastada. Ela dizia que eu estava hipnotizado pela política e não tinha mais olhos para a família. Ela me tratava com frieza quando eu chegava. Apesar do meu temperamento aparentemente frio e insensível, necessitava de algum tipo de carinho e do calor de uma mulher, e passei a buscar na professora da fazenda. Do lado de cá, soube também que minha esposa teve seus amantes, alguns, inclusive, na fazenda, neste período.

A fazenda, desde a morte do coronel, em 1903, foi perdendo seu brilho. As safras foram diminuindo e os cafezais, maltratados. Mesmo assim, continuava produzindo e gerando riquezas, sendo referência na produção do café por mais alguns anos.

Em 1911, eu e minha esposa nos reconciliamos. Nosso amor ardente do passado e, principalmente, a amizade, havia voltado, apesar de nossa idade. O Júnior ficou internado no colégio São Bento e ela veio morar comigo no Rio de Janeiro. Tendo ela novamente ao meu lado, dando-me a força de que sempre precisei, praticamente me desliguei da fazenda e me empolguei com a campanha civilista, dedicando a esta minha atenção. Mais uma vez, como se fora ainda adolescente, dediquei-me fanaticamente à nova campanha que tinha como liderança o amigo Ruy Barbosa, em 1914.

Até a morte de um grande amigo, o Barão de Paranapiacaba, que pediu para ser enterrado com os discursos que eu havia feito no Senado, me trouxe mais força. Quis dedicar ao eterno amigo meu trabalho daquele ano em diante, até o momento que minha vida na Terra fosse extinta.

Com o meu filho, como querendo me perdoar por não ter acompanhado de perto seu crescimento, quando ele completou 15 anos de idade, em 1911, fiz com ele e com minha esposa uma viagem à Europa, da mesma forma que meu pai tinha feito comigo quando terminei meu curso de medicina nos Estados Unidos. Nossa estadia na Europa foi de julho de 1911 a novembro de 1912.

Capítulo 4

Um político ético, amparado pela espiritualidade

A política também pode ser prova, missão ou expiação para o espírito. No meu caso, minha atuação como Senador por São Paulo, de 1903 a 1925, foi uma missão. Eu não me via como um grande estadista, mas a vida foi me levando naturalmente para a política. A única eleição que perdi foi em 1914, quando compus a chapa presidencial com Ruy Barbosa. Eu seria o vice-presidente. Mas não era para ganharmos. Isso só fui saber do lado de cá. Não era o momento para uma visão descentralizadora como a que eu tinha.

Enquanto encarnado, eu não tinha noção de como minha atuação parlamentar tinha tanto amparo espiritual. Como senador, eu acabei sendo conhecido como um parlamentar de inteligência viva. Muitos apreciavam minha ampla imaginação e eloquência. Nas minhas manifestações publicas procurava me expor com coragem e franqueza. Defendia minhas ideias com certa agressividade, mas com segurança, procurando sempre apresentar argumentações claras e objetivas, mas sem perder a sinceridade.

Um dos momentos marcantes dessa experiência política foi a discussão sobre a vacina contra a Varíola, em 1904. A chamada "revolta da vacina" transformou as ruas do Rio de Janeiro em palco de pancadaria e morte. Enquanto o governo pretendia vacinar todos, políticos da oposição estimulavam a população para atos de vandalismo.

A lei para a vacinação compulsória foi alvo de muita discussão no Senado. Barata Ribeiro e Lauro Sodré foram os maiores adversários da medida. Este último criou a Liga contra a Vacina Obrigatória, da qual se tornou o presidente. Seu objetivo, porém, era desestabilizar o governo do Presidente

Rodrigues Alves, pois queria a volta dos militares ao poder. Por sua vez, o primeiro defendia que a população resistisse à bala contra a vacinação obrigatória.

Eu, ao contrário, defendi a vacina com o seguinte discurso:

— Entendo que a liberdade individual tem por limite a liberdade e o direito da coletividade. Um cidadão não pode, recusando-se ao cumprimento de uma medida dessa ordem, constituir-se um perigo para a comunhão. Do mesmo modo que o cidadão qualquer não poder criar animais daninhos que possam atacar a vida das pessoas, manter em sua propriedade focos de infecção prejudiciais aos seus vizinhos ou ter depósito de dinamite, também não tem o direito de constituir-se em um foco de epidemia, que pode muito bem irradiar-se, sacrificando muitos dos seus semelhantes.

—Essa medida, naturalmente, deve ser obrigatória não para as classes pensantes, porque estas não precisam de semelhante medida, mas para as classes ignorantes, para os que não leem, porque, se não forem obrigatórias a vacinação e a revacinação, não aceitarão a medida. Por que razão dá-se um remédio amargo a uma criança? A criança não compreende a necessidade, o valor do medicamente, a razão de sua aplicação. Muitas vezes um pai é forçado a empregar mesmo a violência, aplicando um medicamente que não é agradável à criança, mas ele o faz convicto de que, assim procedendo, salvará a vida do filho. O caso é o mesmo. Se se aplica a vacina, processo que, aliás, não é doloroso, é para salvar justamente as populações de um mal certo e perigoso. Amputa-se uma perna por quê? Sacrifica-se um membro por quê? Para salvar a vida.

Eu não era Socialista; eu era Liberal. Mas me preocupava com o coletivo, mesmo manifestando certo preconceito com as classes sociais mais subalternas e que chamava de "ignorantes". Mas não compactuava com aqueles que estimulavam a baderna em nome de uma suposta liberdade individual e que negavam a existência da epidemia. Reconheço também que, na época, apesar de abolicionista, não deixava também de manifestar certos preconceitos de raça, gênero e de classe no meu cotidiano. Apesar disso, não me identificava com os "conservadores", aqueles que manifestavam um moralismo hipócrita.

Tirando essa questão de saúde pública, minha ação política foi muito focada na defesa dos produtores de café. Tinha uma postura crítica e agressiva a São Paulo Railway, a empresa inglesa responsável pelo frete cobrado para o transporte do café. Ela possuía o monopólio do transporte do nosso principal produto até o porto de Santos e nenhuma outra empresa poderia atravessar a Serra do Mar sobre os seus trilhos.

Somava-se a isso o fato da empresa, após chegar a Jundiaí, não ter interesse em ampliar suas linhas, como fizeram outras empresas, como a Paulista, a Mogiana, a Sorocabana, entre outras. Meu ego sofria com isso, eu sentia muita raiva, mesmo que achasse ela legítima por não aceitar essa injustiça com os produtores rurais. Apesar de nunca ter me afastado de uma postura ética, o meu ponto de vista era de um produtor rural, não era o dos excluídos socialmente.

Não vi acontecer enquanto encarnado, mas 20 anos após a minha morte física estes objetivos foram atingidos. A empresa inglesa perdeu o monopólio da ligação ferroviária entre o planalto e o litoral. Este acontecimento traz uma importante lição: as coisas acontecem no tempo que tem de acontecer. Ninguém domina o que vai acontecer externamente, mas todos têm total domínio sobre seu mundo interno. Eu poderia ter feito o meu trabalho sem sentir toda aquela raiva que só agravou minha saúde física.

Em suma, eu poderia ter feito o trabalho que estava programado para acontecer, mas mantendo minha paz interior. O fato de ter colocado sal demais no tempero do meu personagem agravou minha saúde física por causa da raiva, que frequentemente sentia por causa das contrariedades.

Minha ação política em defesa dos produtores de café começou em 1903, quando a superprodução fez com que os preços despencassem. Minha proposta, neste caso, poderia ser classificada hoje como "socialista", de regulamentação ou de intervenção do Estado no mercado. Eu defendi que se retirasse do mercado o excesso de oferta, armazenando o produto para vender em um ano de menor produção. Até recentemente, no Brasil, essa política de intervenção no mercado para controle dos preços foi praticada e, de alguma forma, é uma continuação desse meu projeto pioneiro. Infelizmente, naquela época, a Comissão de Finanças do Senado não compreendeu a importância dessa medida. O Senado ainda não enxergava que o café era o nosso ouro e, com ele, o país pagava os produtos que precisava importar.

Como a minha proposta não foi aprovada, a situação piorou nos anos seguintes até que, em 1906, através do Convênio de Taubaté, os três principais estados produtores de café, São Paulo, Rio de Janeiro e Minas Gerais, se uniram e colocaram em prática essa medida, que deu um fôlego maior para os produtores.

Em 1918, apesar da famosa geada que arruinou a produção de muitos fazendeiros, a lavoura do café foi salva graças a esse controle da produção iniciada em 1906. Mesmo assim, no ano seguinte, com minha saúde já abalada, resolvi junto com meus filhos vender a fazenda e abandonar definitivamente a vida dedicada à produção de café, permanecendo no Rio de Janeiro onde desencarnei em 1925, com o amparo de minha mulher e de uma velha empregada, que foi um verdadeiro anjo da guarda encarnado, acompanhando amorosamente meus suspiros finais.

Enquanto encarnado, acreditava que a história poderia ter sido diferente se fossemos eleitos em março de 1914, quando fui o companheiro de chapa do amigo Ruy Barbosa. Mas nossa campanha não encontrou eco na sociedade e Wenceslau Braz foi eleito presidente da República.

Eu e Ruy Barbosa fomos grandes amigos. Inclusive, em 1925, ao desencarnar, fui acolhido por ele. A campanha civilista de 1910, quando ele foi candidato à presidência da República contra o General Hermes da Fonseca, foi um fracasso. Mas isso era previsível. O voto não era secreto e o candidato do governo sempre levava vantagem. A oposição não tinha chance. Mesmo assim, levamos nossa campanha civilista adiante. Em 1914, ele foi novamente candidato e eu fui o seu vice.

Do lado de cá compreendi que não era para ganharmos e que a História segue o caminho já definido. Os governadores e os políticos em geral também são instrumentos carmáticos, mesmo não tendo essa consciência agindo, na maioria das vezes, motivados pelo egoísmo e pelo desejo de poder e fortuna.

Eu não era escritor, pelo menos nesta encarnação, e não me via como um estadista. Mesmo assim, fiz um singelo romance chamado *Ismael* que nunca foi publicado. Só do lado de cá é que fui me recordar que se tratava do nome como o espírito mentor do Brasil era chamado. Ismael, nome do meu romance, também era uma espécie de homenagem a esse espírito que cuidava do Brasil e que, em alguns momentos, inspirava os meus discursos no Senado sem que eu tomasse consciência de que estava sendo intuído.

Nunca me preocupei em escrever os meus discursos, no máximo organizava as ideias do que eu pretendia falar em um pedaço de papel. Os discursos eram pronunciados de improviso, pelo menos é o que eu acreditava, sem saber que Ismael e outros espíritos estavam por trás me intuindo.

Isso explica o porquê das minhas exposições serem classificadas como claras, nítidas, convincentes e metódicas, ao mesmo tempo em que eram fulgurantes e eloquentes, carregadas de imagens simbólicas, transformando-se em solenidades. O amigo Ruy Barbosa fazia questão de sempre ouvir meus discursos.

Um desses discursos ele não ouviu, pelo menos não com os sentidos fisiológicos. Foi aquele feito em sua homenagem, após a sua morte, um longo discurso que fiz no Senado. Aqui vou reproduzir apenas algumas frases, que se tornaram proféticas, uma vez que após dois anos, aconteceu o meu desencarne:

"— Ruy Barbosa é morto, mas, senhores, redivivo! Entre nós há de conviver eternamente e havemos de respirar a atmosfera criada neste âmbito, neste recinto, por aquele homem imortal e por aquela voz cujo eco há de retumbar por todos os séculos, ensinando-nos o caminho da honra e a defesa da liberdade e da lei.

— (...) A nossa memória é mais fiel, senhor presidente. Nós os velhos, guardamos melhor o afeto do que os moços. A vida para nós está feita. E se eu sobrevivi, porventura, ao grande chefe, bem compreendo, bem vejo que será talvez por dias, por semanas, por meses enfim, a duração será pequena, a separação será curta entre nós. Verso e reverso da medalha; para ele a face luzente, luminosa e brilhante; eu prefiro a parte obscura, contanto que essa fique mais perto do coração que mais amei!

Ainda bem que não me orgulhava deles e nem dos elogios que me faziam, dizendo que eram tão escorreitos e admiravelmente bem feitos. Na verdade, eu estava apenas repetindo as ideias que meus amigos espirituais sopravam em minha mente. Diferentemente eram os meus apartes, muitas vezes violentos e desordenados, confundindo os assuntos tratados. Nesse momento, a inspiração tinha acabado.

Como tudo acontece na hora certa, as minhas campanhas no senado foram vitoriosas, mas muito tempo após a minha morte. Amparado por meus mentores, meu papel era o de estimular no campo mental e da imaginação. Por isso aquelas ideias só foram adotadas muito tempo depois, na hora certa. Era o meu ego que ansiava por ver aqueles princípios adotados imediatamente.

Meu papel era apresentá-los e defendê-los. E pude, como sal da terra, colocar nesse papel muito ardor, convicção e vontade para que tais projetos, mesmo não sendo aprovados, chamassem a atenção. Nada se cria na Terra se não for antes criado no campo mental.

Era essa a minha missão. Eu era um médium e não sabia!

Capítulo 5

O retorno à verdadeira pátria e a necessidade de uma nova encarnação

Posso afirmar sem medo que a humanização não termina após a morte. A encarnação termina, mas a humanização só se encerra quando o espírito se desliga do ego, ou seja, da personagem que vivenciou na Terra. Por que digo isso? Porque durante algum tempo, que pode demorar décadas, mesmo estando desencarnado, o espírito continua vivendo com as características e valores de quando estava na Terra.

Alguns nem percebem que estão desencarnados e vão manter a rotina que sempre tiveram até despertar. Outros percebem que estão "mortos" e se adaptam ao novo mundo, como aconteceu com a minha sogra, e vivem como obsessores, procurando influenciar na vida dos que ainda se encontram presos à carne. Estes podem tentar ajudar aqueles por quem possuem afinidade e podem tentar prejudicar aqueles por quem nutrem ódio ou desejo de vingança. Mas, como sempre gosto de salientar, tanto ajudar quanto prejudicar só é possível se o outro merecer ser ajudado ou prejudicado, de acordo com o gênero de existência que escolheu e o seu padrão vibratório.

Voltemos à nossa história. O coronel, como era chamado meu tio, genro e também sócio, ao desencarnar, em 1903, foi surpreendido por seres que o escravizaram. Sua ex-esposa o aguardava vivenciando um misto de amor e ódio. Esse sentimento confuso acompanhou a vida desencarnada deles por muito tempo. De certa forma, ela se tornou a principal algoz do coronel, dominando um grupo de ex-escravos que, do lado de cá, obedeciam-na, realizando as ordens que ela dava, torturando o coronel a mando da nova ama.

Eles se libertaram do ego praticamente juntos, quando uma das filhas desencarnou após cometer suicídio, na segunda década do século XX. Como somente após se libertar do ego que o espírito tem condições de reavaliar a encarnação que vivenciou na Terra e pode planejar a seguinte, ambos conseguiram avaliar onde cada um errou. Lembraram-se também de outras encarnações, e decidiram se preparar melhor para encarar novamente o mesmo desafio.

Quando se erra com alguém, é normal o espírito pedir para reparar aquele erro. Esta compreensão só acontece após se libertar plenamente do último ego vivido. Não tem como o ego decidir se este já é o fruto de uma escolha e está contaminado pelos sentimentos humanos. E foi justamente isso que aconteceu com o coronel e sua esposa.

Quando conseguiram se libertar do ego, redescobriram que em várias existências estiveram juntos, vivenciando outros papéis, inclusive trocando de sexo. Também conseguiram se lembrar das reuniões preparatórias para a encarnação passada. Tais lembranças foram de fundamental importância para que pudessem se perdoar mutuamente.

Um fato curioso foi quando relembraram que ela iria desencarnar vítima de envenenamento, mas somente este fato estava predeterminado como consequência de vidas passadas, porém, estava aberto um leque muito grande de possibilidades. Ela poderia se envenenar sozinha, acidentalmente ou de propósito, o que seria classificado como suicídio. Poderia ser envenenada por outra pessoa, no seu caso, por uma escrava e a mando do coronel.

Ele riu quando se lembraram e comentou:

—Se eu não tivesse cedido aos impulsos do egoísmo, você morreria envenenada do mesmo jeito e eu não teria passado pelo que passei.

Um dos mentores que assessorou o casal concordou com o coronel e deu uma explicação muito elucidativa:

— O tempo da humanização estava previamente programada, mas não necessariamente da encarnação. Foi por isso que ela desencarnou, mas ficou presa na fazenda. Ela continuou acompanhando o desenrolar do trabalho na fazenda, o cotidiano da família. Em suma, ela continuou agindo como agiria se estivesse encarnada. A única diferença é que estava invisível para os demais e, assim, acreditava que estava exercendo plenamente o seu livre-arbítrio quando estava sendo um instrumento inconsciente do carma da família. Por isso ela não reencarnou antes.

Os dois se abraçaram, conscientes de que a ligação entre eles vinha de muito tempo e que eram almas gêmeas, mesmo sabendo que poderiam encarnar e viver como casal, pai e filho, irmãos, grandes amigos, entre outras possibilidades.

Assim, em pouco tempo, já estavam em condições de planejar a nova encarnação e, em mais uma oportunidade, poderiam vivenciar outra experiência na Terra, vivendo mais uma vez juntos as vicissitudes da humanização e evoluírem, corrigindo os erros do passado.

Com seus mentores espirituais decidiram que ambos seriam médiuns de Umbanda, religião medianímica que se organizava no astral brasileiro e que foi oficialmente anunciada, na Terra, no dia 15 de Novembro de 1908.

Foi interessante o fato que aconteceu na Terra, no dia em que ambos despertaram do ego que vivenciaram e "ascensionaram", ou seja, foram para a dimensão em que o espírito pode, finalmente, avaliar e planejar uma nova encarnação sem os elementos do antigo ego, apenas levando consigo o aprendizado das experiências vividas que se tornam um patrimônio inalienável do espírito, um talento adquirido que nunca será perdido, acompanhando por todas as encarnações, na Terra ou em outros Orbes.

Na casa onde morreu o coronel havia um belo pé de café. Era apenas para decorar o jardim, um elemento paisagístico. A planta continuava bela e bem vistosa até que o jardineiro começou a se lembrar de quando o conheceu e foi trabalhar na casa do antigo patrão.

Uma mistura de nostalgia e de saudade tomou conta do jardineiro. Este chamou um de seus ajudantes para tomar café e aproveitou para contar um pouco sobre as lembranças que tinha do coronel. Ficou muito tempo comentando sobre o comportamento e os gostos do coronel, lembrando-se de um estranho sonho onde via o antigo patrão preso em um pequeno cubículo de madeira com cerca de cincoenta centímetros de água.

Neste sonho, o coronel não conseguia ficar em pé, pois a altura do cubículo não permitia. E também não podia se deitar, porque ficaria submerso. No sonho, o ex-patrão precisava ficar de cócoras durante vários dias.

Essa pausa para o café durou aproximadamente 30 minutos, e o surpreendente foi quando, ao retornarem ao jardim, o pé de café estava completamente seco. Os dois homens não acreditavam no que viam. Não era praga, não era geada, não era nada que a ciência humana seria capaz de explicar. O jardineiro já tinha visto muito pé de pimenta, de arruda e até samambaia secar em 20 minutos quando alguém passava perto delas. Mas um pé de café secar daquela forma foi algo que o deixou com a pulga atrás da orelha.

Comentou com o ajudante que estava achando que algo tinha acontecido com a alma do coronel. Provavelmente ele teria, finalmente, se libertado da Terra, disse o jardineiro. E ele, que tinha um grande potencial intuitivo, estava coberto de razão.

Foi após avaliar a experiência passada, compreendendo onde errou e o que deveria fazer, que o coronel reencarnou em meados da década de 1970. Nasceu no seio de uma família simples de trabalhadores rurais e pescadores, em uma pequena cidade do interior alagoano. Desde pequeno sentiu-se ligado à natureza. Brincar e nadar nos rios foi sua grande alegria na infância.

Ele não se lembrava, mas antes de encarnar, um espírito amigo, utilizando a postura simbólica de Marinheiro, comprometeu-se a acompanhá-lo e, na hora certa, seria uma das principais entidades que iria se manifestar através da mediunidade do coronel, uma mediunidade semiconsciente, ou seja, quando o médium lembra-se de algumas coisas, mas outras ele se esquece completamente, não sabendo o que fez ou falou durante o transe mediúnico.

O Marinheiro, assim, desde o início dessa nova jornada, passou a acompanhá-lo e a protegê-lo. Essa proteção precisa ser bem esclarecida. O mentor ou guia espiritual não protege a vida material do espírito encarnado. Ele está ao seu lado para garantir que aconteça o que tem que acontecer, seja algo positivo ou negativo, agradável ou desagradável.

Por exemplo, se está escrito que aquele espírito encarnado precisa sofrer um acidente de carro, o acidente vai acontecer.

O mentor não tem como impedir. Ao contrário, ele vai agir nos bastidores da vida para que o acidente seja o mais fiel ao roteiro escrito no livro da vida do seu tutelado.

Quantas pessoas não rezam para o anjo da guarda pedindo proteção para evitar doenças, acidentes, conseguir um bom emprego, entre outras coisas que o ser humanizado deseja, quando a função dele é a de ajudar a realizar as provações do seu tutelado. Por isso a vida nova do coronel não foi fácil. Apesar da proteção de seu mentor, por meio da forma simbólica de Marinheiro, durante as 24 horas por dia.

A relação do coronel em sua nova existência com o pai era problemática, assim como na vida anterior. Este era um trabalhador rural alcoólatra e viciado em jogos. Era machista, menosprezando sempre a esposa, e gastava todo o dinheiro que ganhava alimentando os seus vícios. O coronel, agora em uma diferente posição social, passou fome durante parte de sua infância, junto com a mãe e os irmãos. O pouco dinheiro que ganhava precisava entregar para o pai.

Apesar das dificuldades materiais, mantinha a personalidade guerreira da vida passada. Brigava com o pai e a revolta contra este cresceu tanto em seu ego que, no início da adolescência, com menos de 15 anos de idade, resolveu abandonar a casa dos pais indo morar na capital alagoana. De certa forma, repetiu o mesmo gesto da vida anterior.

Por sua vez, sua ex-esposa, reencarnou no final da década de 1980, também em uma família muito simples e evangélica. Desde a mais tenra idade, já apresentava sinais de uma mediunidade ostensiva que assustava e muito sua família. Por causa desse potencial psíquico, sofreu muito na infância com a incompreensão da família e dos pastores das igrejas que frequentavam.

Por várias vezes ela ouviu que estava tomada pelos "demônios" e que estes precisavam ser expulsos. Foram vários os rituais e orações, mas nada era capaz de expulsar os tais "demônios". Alguns pastores eram até ridicularizados, com seus casos amorosos e outras situações vexatórias sendo reveladas aos fiéis.

Sem entender nada, ela via os pastores de um lado fazendo seus rituais e seus mentores rindo, do outro, dizendo que o lugar dela não era ali. Mas que ainda não era a hora de ir. Ela não sabia o que fazer e passou por muito sofrimento por causa dessa mediunidade ostensiva.

Ela também tinha constantes pesadelos que a deixavam com muito medo. Sem saber o motivo, tinha sonhos com uma fazenda. O piso de madeira da casa que via em seus sonhos era podre e ameaçava cair. Ela precisava andar com muito cuidado através daquelas ripas de madeira, vendo, pelos vãos, pessoas gemendo e tentando pegar os seus pés. Ela sempre acordava assustada quando tinha esse sonho recorrente.

Sonhava também com pessoas a forçando a tomar veneno. Ela tentava resistir e lutar, mas nunca conseguia vencer. Após tomar à força o veneno, sentia o corpo queimando por dentro e acordava suando muito.

Como na vida nada acontece por acaso, nos primeiros anos do século XXI, o destino fez com que eles se encontrassem pela primeira vez na atual encarnação em um terreiro de Umbanda, em Maceió, onde foram buscar ajuda e conforto espiritual. Ela foi para resolver o sofrimento com a mediunidade ostensiva e ele em busca de orientação para sua vida atormentada pelas dificuldades sem fim.

A partir desse encontro começou uma paixão avassaladora que tomou conta do coração e da mente do casal, e em pouco tempo começaram a namorar. Eles se encontravam antes de começar o curso de orientação mediúnica e voltavam juntos no final. Não se passaram nem seis meses e anunciaram para os demais amigos que logo se casariam. A cerimônia e a festa foram realizadas no próprio terreiro.

Como todos, tinham lá seus desentendimentos, mas nada que pudesse abalar o relacionamento do casal. Juntos se esforçavam para enfrentar as vicissitudes de uma vida nada fácil e de muito trabalho, agora com mais uma obrigação: o trabalho mediúnico no terreiro que faziam questão de nunca faltar.

A cooperação entre os dois era digna de se admirar do lado de cá. Graças à lei do esquecimento, não se lembravam do passado e nada sabiam do conflito que vivenciaram na encarnação anterior, nem do que viveram no mundo astral após o desencarne.

O esquecimento é uma dádiva divina e, por isso, o acesso às informações só são permitidas quando o espírito encarnado já possui condições de compreender e lidar com elas. Seja de forma espontânea ou provocada através de técnicas de regressão de memória, o encarnado só é capaz de acessar as informações que lhe são permitidas por seus mentores.

Uma informação que nunca é acessada, na íntegra, é a referente à preparação para a escolha de um novo gênero de existência, quando os espíritos humanizados com as quais vai constituir uma nova família biológica reúnem-se e planejam a nova aventura, com vários detalhes (gênero, raça, local onde vai nascer, o papel a ser exercido no seio da família, entre outros).

Por isso que sempre dizemos que o livre-arbítrio existe. Mas ele é exercido antes da encarnação, quando o espírito goza de pleno domínio de sua consciência e sabe perfeitamente o que precisa para viver suas provas, expiações e missões.

Costumamos dizer do lado de cá que o espírito, quando desacostuma da Terra, pede sempre uma prova maior do que suas forças são capazes de suportar. Do lado de cá, ele sempre acredita que é capaz de passar tranquilamente pelas provas escolhidas voluntariamente. Porém, quando o pedido das provas chega aos superiores, aproximadamente 70 % do que foi solicitado é retirado e, mesmo assim, após a encarnação, o espírito sempre reclama e lamenta os 30 % do que pediu.

Voltando à história. Com o tempo, ela se tornou uma dedicada médium de Umbanda. Dava passagem de forma inconsciente para pretos-velhos, caboclos, exus, pombas-giras, ciganos, baianos, cangaceiros e todas as demais linhas de trabalhadores dessa religião medianímica brasileiríssima. Por sua vez, ele que começou seu trabalho cambonando a esposa, passou também a incorporar e a ajudar nos atendimentos que passaram a realizar no fundo da casa onde moravam, para um pequeno grupo de pessoas que buscavam orientações, conforto espiritual e tratamento com ervas, banhos e outros procedimentos indicados pelas entidades, principalmente os pretos-velhos.

No campo familiar, o casal buscava construir uma situação econômica mais estável para pensar em filhos. Mas o destino nem sempre respeita os nossos desejos. Aliás, quase sempre é o contrário, uma vez que, na vida, acontece aquilo que foi planejado antes da encarnação que, em suma, é aquilo que precisamos e não aquilo que queremos. E, assim, ela engravidou. E não passou muito tempo e nasceram seus três filhos.

Todos foram muito amados desde a descoberta da gravidez. E apesar das dificuldades econômicas, nunca pensaram em abandonar o desafio de criar filhos em um mundo tão complicado e cheio de desafios.

O espírito já sabia o que ia acontecer, mas essa informação não chegava ao consciente, ao ego do ser humanizado e encarnado. Assim, além das três crianças pequenas, uma irmã mais velha do coronel e que nasceu com um grave problema mental, foi morar com a família. Ela era completamente dependente do casal. Os dois ficaram assustados, mas não desesperados com a nova vicissitude que se colocava diante deles. Era mais uma entre as tantas que já tinham passado que era como se já estivessem calejados para enfrentar tantos desafios. Mas o problema não acabava aí. Uma das filhas nasceu com um problema físico que também exigia cuidados especiais do casal.

A situação econômica da família era difícil na cidade de Maceió onde moravam e, para piorar a situação, ele presenciou um assassinato e foi convocado pela justiça para testemunhar. Graças ao seu depoimento, o assassino foi preso. Porém, este jurou se vingar dele e de toda a sua família quando saísse da prisão.

Temendo pela segurança da família, ele resolveu migrar para o Estado de São Paulo. Sabia que a mudança não seria fácil, mas como já tinha vindo trabalhar algumas vezes no corte da cana-de-açúcar nas terras de uma usina na região central do Estado, pensou que em terras paulistas teriam mais condições de encontrar a segurança necessária para cuidar das filhas.

A vida na nova cidade também não foi nada fácil. Foram morar na periferia de uma cidade média e sobreviviam fazendo pequenos serviços. Ela conseguiu um trabalho: ajudar a cuidar de uma criança, filho de uma vizinha que não tinha com quem deixá-lo enquanto trabalhava em uma empresa que instalava antenas em prédios, entre outros serviços. Ele, por sua vez, conseguiu trabalho em uma empresa responsável por cuidar de jardins em um condomínio fechado de classe média. Com seu capricho e cuidado com as plantas, logo conquistou a confiança dos condôminos e se firmou no emprego.

Mesmo assim, o dinheiro que ganhavam mal dava para arcar com as despesas de aluguel da casa e os remédios das filhas. Quando já estava ficando preocupado com a situação, um dos proprietários de uma casa onde fazia o jardim comentou que um amigo tinha uma fazenda arrendada para a plantação de cana-de-açúcar e precisava de um caseiro. Disse que nenhuma família conseguia ficar mais do que um mês no lugar.

Ao questionar sobre o motivo, foi informado que o lugar parecia ser assombrado. Espíritos de ex-escravos e outros ficavam por lá gritando, arrastando correntes e até batendo tambor, o que assustava as pessoas. Ao ouvir isso, ele riu e disse:

— Se for esse o problema, está resolvido. Os espíritos não me dão sossego! Lido com eles há muito tempo!

No dia seguinte foi conversar com o dono da fazenda, que gostou dele e o contratou. Alguns dias se passaram e lá foram morar sem saber que a casa ficava em uma antiga parte de uma colônia ainda preservada da mesma fazenda em que viveu o papel de "coronel" até o ano de 1903, quando desencarnou.

Sem se lembrar de nada, o destino o trazia de volta para as terras onde se destacou como um dos principais cafeicultores do país, onde o seu café, produzido pela força dos escravos e depois dos colonos, era exportado para a Europa, onde fez muito sucesso, principalmente na Inglaterra.

Ambos, apesar da mediunidade ostensiva, dando passagem para os mais diversos espíritos da Umbanda, como os pretos-velhos, exus, baianos, cangaceiros, entre outros, nem imaginavam que estavam nas terras compradas após o coronel mandar envenenar a esposa.

Ela não tinha a menor lembrança do envenenamento e nem de que havia se tornado obsessora do ex-marido por várias décadas, até eliminar todo o ódio que carregava na alma por se sentir vítima do coronel.

Para amenizar o carma acumulado na vida passada, eles encarnaram também como médiuns de cura. Ela incorporava uma entidade espiritual que se manifestava com o nome de Sinhá Chica, utilizando a forma simbólica de uma freira católica que realizava cirurgias espirituais. Por sua vez, ele incorporava alguns dos assistentes da freira.

As sessões de cura que o casal realizava eram concorridas. Pessoas de várias cidades procuravam o casal para receber trata mento e sair de lá com uma receita de banho ou de chá.

O guia orientador do trabalho que realizavam era um preto-velho que, depois de muito tempo, revelou que na sua última encarnação havia sido escravo naquela fazenda. Ou seja, ele trabalhou para o coronel e agora era o coronel que trabalhava para ele, sem saber.

E a irmã mais velha do coronel? Pois bem, esta que nasceu com sérios problemas mentais, foi também parente do coronel, no passado. Foi aquela que não suportou saber que ele havia encomendado o envenenamento de sua esposa e, tresloucada, cometeu suicídio. Ao desencarnar, ficou vagando pela fazenda. Seus mentores espirituais avaliaram que ela precisaria voltar a se ligar a um corpo físico, mas viveria a mesma humanização. Ou seja, o mesmo ego.

Nesse caso, tratava-se de uma expiação que o espírito precisava passar. Daí ela manifestar sérios problemas mentais e ter de ser cuidada praticamente como se fosse uma eterna criança. Esse processo, segundo os mentores espirituais, foi considerado o melhor para que seu cérebro perispiritual fosse se regenerando, uma vez que este foi afetado também pelo suicídio.

Outra possibilidade seria recuperá-lo no plano astral. Porém, esse processo seria muito mais demorado, levando talvez séculos. Acreditavam que duraria três ou quatro vezes mais tempo para trata-la no mundo astral do que duraria através de uma encarnação compulsória como aquela a qual ela foi submetida.

Como nada é feito sem utilidade, a encarnação foi considerada o melhor tratamento para aquele espírito recuperar muito mais rapidamente sua consciência. Este poderia ser classificado como um caso em que a encarnação é o tratamento necessário para o espírito.

Assim, vivendo como uma irmã mais velha dependente, e que precisava de cuidados quase que 24 horas por dia, também não deixava de ser um instrumento para a ação carmática que o casal necessitava vivenciar.

Por sua vez, a filha que nasceu com um problema físico havia sido, no passado, a segunda mulher do coronel. A nossa amiga médium atazanou tanto a vida da mulher, intuindo-a para arrumar amantes, arrumar confusão com os colonos, ser roubada, entre outras coisas que, nessa nova existência, teria que recebê-la como uma filha afetuosa, mas necessitada de amparo por sua enfermidade física.

E muitos devem se perguntar: mas por que essa deficiência? Isso não seria um castigo?

Neste caso, ela é uma missionária. Como já salientei no início deste livro, são três as formas de encarnação: prova, expiação e missão. E esse espírito aceitou por benevolência e para ajudar na evolução do casal vir com essa enfermidade que ela não precisava ter para ser um instrumento para os espíritos que agora seriam os seus pais biológicos.

Por fim, vocês devem estar se perguntando: E você? Quando vai reencarnar?

Pois é, eu serei o primeiro neto do casal e novamente vou reencontrar no palco da vida com o meu sogro. Antes deles encarnarem, fizemos uma reunião muito emocionante, unindo todo esse grupo de espíritos e nossos mentores. De forma ampla nos foi apresentado todo o roteiro de nossas vidas. Vou detalhar como foi meu retorno à pátria espiritual e a preparação para a nova encarnação que, se for bem aproveitada, será a ultima que vou vivenciar em um mundo de provas e expiações.

Após o meu desencarne, passei cerca de dez dias adormecido. Ao acordar, me vi em um quarto bem iluminado. Fui recebido por um espírito que me desejou um bom retorno ao lado oculto da vida. Disse-me, porém, que ali ainda não era a verdadeira pátria espiritual. Tratava-se de um local intermediário conhecido como Astral e que possuía sete dimensões. Eu me encontrava na quinta, o que era um bom sinal, segundo ele.

Acima do Astral é que se encontraria o mundo espiritual propriamente dito. Segundo ele, as colônias espirituais se localizam no Astral porque elas são um prolongamento da vida na Terra. Lá há colônias para receber todos os tipos de agrupamentos humanos, da mesma forma como existem na Terra. Lembro-me dele me dizendo para imaginar dois grupos humanos que brigam milenarmente. Cada um vai desencarnar e acordar em uma colônia espiritual de acordo com os valores que tinha na Terra. Só depois de um tempo é que poderia habitar os planos espirituais propriamente ditos, onde nenhum vínculo com o ego anterior existiria.

Eu olhava meu corpo astral e ele realmente me era familiar. Meus pensamentos eram os mesmos. Como não vivi um ego reencarnacionista, nem me lembrava de já ter tido outras experiências na Terra.

Durante aproximadamente um ano, pela perspectiva terrestre, eu acompanhei a vida que ali se processava e tive permissão para visitar meus familiares. Eu era muito ligado a meu filho Júnior, e pude o orientar mentalmente em várias situações, como em conferências que ele proferiu e também cursos.

Gradativamente, fui me lembrando de outras encarnações e me desligando daquela encarnação como fazendeiro e político. Lembrei-me de já ter vivido como indígena no Brasil, antes mesmo da colonização do país, como filósofo iluminista e, também, como uma pessoa muito influente na política inglesa, na virada do século XVII para o XVIII.

Mas a lembrança mais importante foi a da escolha do gênero de provas vivido naquela existência. Entendi o porquê de minha missão na política, a ascendência inglesa do meu pai e o porquê da ligação com o coronel. Compreendi que realmente nada acontece por acaso em nossa encarnação, e no nosso "livro da vida" tudo o que aconteceu conosco foi, de alguma forma, registrado nele e autorizado pelo espírito, tanto os fatos agradáveis e prazerosos como os desagradáveis e dolorosos.

Ao me recordar de diferentes papeis que já havia representado, ficou claro para mim que o espírito age no palco da vida como um ator. Cada encarnação é um papel diferente. Temos vários elementos para criar a personagem que vamos representar. Em uma encarnação estamos homens, em outra mulher. Podemos encarnar nas mais diferentes raças e etnias e experimentar o doce e o amargo de cada classe social. Cada país e, dentro deste, cada local, é como uma quadra esportiva adequada para um determinado jogo, no nosso caso, a provação do espírito humanizado.

Não demorou muito tempo e compreendi que o fazendeiro de café e político era só mais uma das inúmeras personagens que já tinha vivenciado, e consegui me desligar dela com relativa facilidade. Quando isso aconteceu, enxerguei todos aqueles que me eram caros, como era o caso do meu filho, por exemplo, e também meus desafetos, como irmãos espirituais em provação. A partir daquele momento, o amor paterno que nutria pelo Júnior se transformou em um amor muito mais profundo. Não era mais o Júnior que eu via, mas um grande irmão espiritual passando por suas provações. Lembrei-me de outras existências onde o papel foi invertido, ou em que nem tínhamos laços consanguíneos, mas éramos grandes amigos.

Esse despertar acendeu dentro de mim uma felicidade indescritível. Não foi difícil me encantar e admirar cada irmão espiritual em sua tentativa de vencer suas provas escolhidas voluntariamente antes de encarnar. O espírito consciente, ou seja, liberto do ego, também tem vontade e torce por todos. As fragmentações próprias dos mundos de provas e expiações deixam de existir e não vê o mundo dividido em vítimas e algozes, até porque esses papéis estão constantemente mudando de lado.

Com nossa consciência plena, admiramos o esforço de cada espírito em sua luta interna para evoluir e se desligar do ego buscando colocar em prática os atributos espirituais em cada atividade cotidiana. É uma luta que um dia será vencida, mesmo que necessite de várias encarnações. Somente assim o espírito estará habilitado para vivenciar sua nova fase, a angelical, quando deixará para trás a fase humanizada, a única onde existe a lei de causa e efeito ou a lei do carma.

Já esclarecido, sabendo das minhas limitações, e sabendo em que setores eu precisaria me preparar melhor antes de encarnar, pedi para fazer algum trabalho espiritual. Fui convidado, então, para trabalhar na Umbanda, que já estava bem estruturada e em pleno funcionamento, realizando um profundo intercâmbio entre o plano astral e o físico.

Este convite me foi feito por ter tido uma encarnação como indígena e também pelo respeito e atenção que manifestava por aqueles espíritos que viveram o ego de pessoas escravizadas. Foi nesse momento que tomei consciência que as entidades, ou seja, os espíritos esclarecidos, tomam formas simbólicas para realizar o trabalho mediúnico na Umbanda. Eu fui convidado para trabalhar como Pai Francisco, mesmo sem nunca ter encarnado como escravo.

O que vou escrever agora é para que vocês possam entender como funciona essa roupagem simbólica. Pai Francisco é como se fosse uma franquia aí na Terra. Um grupo de espíritos vão vivenciar essa personagem nos trabalhos mediúnicos. É um papel representado conscientemente. Existem, como nas franquias, as responsabilidades assumidas e não é permitido sair delas.

No meu caso, eu tinha de me manifestar e transmitir um determinado ensinamento. De forma resumida, meu papel era lembrar que os detalhes da vida encarnada vão sendo construídos paulatinamente, mas sem desrespeitar o gênero de existência escolhido, assim como as provas, expiações ou missões previamente definidas.

Assim, como acontece com todos, também atuávamos como instrumentos para o carma do outro e daqueles com quem conversávamos nos intercâmbios mediúnicos. Mas, ao contrário dos encarnados, agíamos conscientemente como um instrumento amoroso e não como um instrumento nervoso. Nossa ação era como um instrumento benevolente e não um instrumento malevolente. Apesar destes também existirem do lado de cá.

Para os consulentes, procurávamos sempre lembrá-los de que aquele que deseja ajudar e contribuir para uma sociedade mais solidária, mais fraterna, mais justa, poderá ser o escolhido para levar tudo isso para o mundo e também colherá essas flores em sua alma. Porém, aquele que deseja prejudicar o próximo, ser egoísta ou levar vantagem sobre os demais, prejudicando o resto da sociedade, poderá ser o escolhido para ser o instrumento carmático de quem possui o merecimento negativo, mas também colherá o fruto azedo dessas intenções egoísticas.

Eu vou me esquecer de tudo isso quando encarnar. Mas hoje eu sei que terei um potencial mediúnico bem significativo. Vou encarnar como médium de cura e também vou atuar deliberadamente na Umbanda. Mas, felizmente, tenho merecimento para encarnar em uma família que se encontra preparada para ajudar no meu trabalho mediúnico, sabendo me orientar para evitar o sofrimento que passaram.

Parte II

Por que a Umbanda?

Nesta parte vamos apresentar porque a Umbanda nasceu, utilizando as posturas simbólicas de indígenas e pretos-velhos nas manifestações mediúnicas. Vamos compreender também o papel de outras entidades que foram surgindo depois, como as freiras, os médicos, os baianos, os cangaceiros e outras linhas de trabalho. E como a Umbanda está aberta para receber outras linhas no futuro, acompanhando o processo histórico no Brasil, pelo menos enquanto estivermos vivendo em um mundo de provas e expiações.

Talvez nos mundos regenerados, essa forma de representação simbólica não seja mais necessária. Mas precisamos, no momento, aprender a viver na Terra. E vamos compreender também porque a expansão do café e as estradas de ferro contribuíram para o nascimento da Umbanda, no Astral da Terra.

E a nossa fazenda, de alguma forma, teve relação direta com esse fato, como vocês poderão ler. E este processo fez com que a família assumisse um carma com aquele local.

Capítulo 6

Sobre os índios Kaingang no Estado de São Paulo

Há vários séculos o povo Kaingang habitava a região central e oeste do Estado de São Paulo. Fugindo dos colonizadores, no Sul do país, vieram do Paraná transpondo o rio Paranapanema. Mas não durou muito tempo o sossego do lado de cá do rio. No século XIX, enfrentaram várias vicissitudes. Talvez a mais grave tenha sido a ação dos *bugreiros*, os exterminadores contratados durante a construção das ferrovias para acabar com qualquer resistência indígena que pudesse dificultar a ocupação daquele território.

A crueldade dos bugreiros não tinha limite. Homens, mulheres e crianças eram massacrados sem dó ou piedade. Essa energia de sofrimento ainda paira na ambiência da região, quase dois séculos após esse genocídio e, enquanto não for limpa, a Terra não pode virar um mundo de regeneração. O mesmo acontece em outras partes do mundo, obviamente, não apenas no Brasil. Mas o nosso foco, neste livro, é essa região do Estado de São Paulo.

Do lado de cá, como já foi salientado, os países são como quadras esportivas para as provas serem realizadas. E algumas provações só podem ser realizadas em determinados países. São eles que reúnem as condições necessárias para determinadas provações.

E foi a partir de 1850, ano em que nasci, e que foi aprovada a Lei da Terra, que vários núcleos de colonização conseguiram se estabelecer no Estado de São Paulo e, com eles, os conflitos com os Kaingang foram se tornando cada vez mais intensos e cruéis. Infelizmente, a transformação do espírito é muito lenta. Se compararmos nosso atual estágio evolutivo com a dos bugreiros do século XIX, não vamos notar diferença. Hoje, como há 150 ou 200 anos, não é muito diferente. Nós estamos ainda na pré-escola da cadeia evolutiva espiritual, mesmo com os avanços tecnológicos que hoje conhecemos no século XXI.

Como o egoísmo ainda é o sentimento predominante na alma humana, e isso não era diferente no passado, para construir as tão necessárias estradas de ferro foi *mister* que elas fossem acompanhadas por monstruosas chacinas contra o povo indígena.

De acordo com as leis espirituais, para o espírito a intenção é tudo e o fato nada. Assim, mesmo sendo os instrumentos dessa ação carmática tão horrenda, muitos bugreiros acabaram contraindo débito com a lei de causa e efeito e, também, os contratantes, não pelo ato em si, mas pela intenção de combater os povos indígenas que habitavam essa Terra. Sei que não é fácil compreender esse processo, mas vou exemplificar com o futebol, esporte tão popular hoje em dia em toda a Terra.

Imagine um lance muito disputado entre dois atletas. Um deles, sem intenção, acerta um chute certeiro na cabeça do outro. O jogador desmaia em campo e de sua cabeça sai muito sangue. A jogada pode parecer muito violenta, mas o atleta é advertido só com um cartão amarelo pela imprudência de ter levantado muito sua perna, enquanto o outro abaixou demais a cabeça.

Mas a jogada poderia ser outra. O jogador intencionalmente tenta fazer uma falta em outro parando o lance. Mesmo não atingindo o atleta adversário com tanta gravidade, apenas ralando sua perna, o juiz expulsa o jogador que fez a falta. Nesse caso, podemos nos perguntar: por que o primeiro atleta que tirou sangue da cabeça do adversário não foi expulso enquanto o outro que fez apenas um arranhão com a sua chuteira na perna do adversário o foi?

O juiz, neste caso, levou em consideração a intenção do jogador em cometer aquele ato. Por isso, um ato muito violento pode ter uma punição menor que um ato menos violento. É a intenção que é levada em consideração. E, se isso já vale para a justiça terrena e até para os esportes, vale muito mais na contagem espiritual onde, como dissemos, a intenção é tudo e o fato nada.

De certa forma, aconteceu o que tinha que acontecer. E o carma, seja ele positivo ou negativo, é gerado pela intenção e, como todo mundo já sabe, toda a plantação é livre, mas a colheita é obrigatória. A cada segundo de nossas existências estamos colhendo o que plantamos, intencionalmente, no passado, e semeando as novas sementes.

Mas, voltando aos fatos históricos ou à História, somente em 1912 ocorreu a chamada "pacificação" com os indígenas. Estes foram obrigados a habitar reservas, perdendo, assim, seus territórios. O resultado desse processo foi a redução em quase 80% da população indígena do Estado de São Paulo. Com requintes de crueldade, a população indígena foi praticamente dizimada.

Gradativamente, o limite ocupado pela colonização foi se expandindo, deixando de ser a estrada que levava para Goiás, que era o mesmo traçado depois ocupado pela estrada de ferro mogiana. E assim, Itirapina, Araraquara, Pindorama, e outras regiões foram sendo ocupadas e os indígenas dizimados, restando apenas os nomes das localidades como referência.

Os cafezais, então, foram ocupando o território sagrado antes pertencente aos Kaingang. Expulsos do Rio Grande do Sul, de Santa Catarina e do Paraná e responsáveis por trazer a araucária para a região central do Estado de São Paulo, os Kaingang praticamente desapareceram enquanto uma nação, desaparecendo sua língua, seus rituais e sua cultura.

Porém, do lado de cá, nas colônias espirituais onde foram recebidos após a morte, conheceram uma nova religião medianímica que se estruturava para que, em 1908, começasse sua história na Terra com o nome de Umbanda.

Assim, com nomes simbólicos como Pena Branca, Folha Verde e tantos outros, estes espíritos foram sendo convidados para formar agrupamentos de trabalhadores espirituais que, algumas décadas depois, estariam dando comunicação em milhares de terreiros, nas mais diversas cidades brasileiras, tanto nas pequenas como nas médias e grandes, ajudando a levar mais amor, compreensão e coragem para enfrentar o carma às pessoas necessitadas e desesperadas.

Por meio de diferentes médiuns, alguns que até foram seus algozes no passado, passariam a trabalhar no palco da vida humanizada e encarnada realizando curas, limpezas energéticas e outras formas de atendimento fraterno. Com esse trabalho sagrado estariam, também, se preparando para suas novas encarnações.

Eu sei que algumas correntes espiritualistas difundem que a violência urbana é causada pelos indígenas. Dizem que estes seriam espíritos inferiores e selvagens sem condições de viver civilizadamente nas cidades e, como não possuem mais seus territórios para continuar reencarnando, seriam obrigados a encarnar entre os "civilizados" e não teriam escrúpulos para roubar e matar, sendo, assim, os responsáveis pela violência que se vê na cidade.

Quem sou eu para criticar quem quer que seja, mas tive permissão para passar outro ponto de vista. Não quero aqui doutrinar ninguém e nem criticar os palestrantes e escritores que difundem essas informações. Podemos até encontrar alguns raros exemplos que sustentariam a tese acima, mas, na maioria dos casos, o que acontece é justamente o oposto do que eles difundem em seus livros e palestras.

Vivenciar uma encarnação indígena, vivendo em comunhão com a natureza, é muito importante para o espírito. Só para vocês terem uma ideia, antes de encarnar como "o pobre de Assis", o espírito que vivenciou aquela encarnação sublime, teve uma anterior justamente no Brasil, no seio da floresta amazônica, onde também vivenciou uma encarnação como indígena.

E essa sua experiência foi tão marcante que muitos espíritos que se vinculam ao movimento universalista franciscano pedem também para passarem pelo mesmo processo. Quantos médiuns videntes não comentam que enxergam vários caboclos na Umbanda se manifestando com o Tau, o crucifixo franciscano, pendurado no pescoço.

Esse símbolo formado por duas linhas, uma horizontal e outra vertical que se encontram, remete à dialética entre o tempo e a eternidade. A vida humanizada é regida pelo tempo, mas o espírito se define pela eternidade. O movimento franciscano, do lado de cá, é um movimento universalista, presente no catolicismo, no espiritismo, na Umbanda, no budismo e em tantas outras religiões.

É muito comum que muitos espíritos, após diferentes experiências na Terra e entrarem no movimento franciscano, peçam uma encarnação como indígena para seguirem os passos daquele que amou e ensinou como amar a natureza, os pássaros e todos os animais, o grande irmão Sol e a irmã Lua.

Por isso posso afirmar para vocês que, após trabalhar como entidades na Umbanda, os famosos "caboclos" que vemos valorizando a cultura indígena e a espiritualidade dos povos da floresta, estimulando a coragem, a força e a fé diante das vicissitudes da vida, ao voltar para o plano material, em uma nova roupagem corporal, tornam-se sensíveis defensores de uma vida mais sustentável, mais harmônica com as leis da natureza e, por isso, muito mais ecológica e socialmente justa.

O respeito pela natureza não precisa ser ensinado para esses espíritos. Esse talento agora é inalienável, é um conhecimento aprendido que se transforma em saber e que vai acompanhar o espírito por toda a eternidade, seja neste Orbe ou em outro superior que vier a encarnar.

Muitos, antes de passar por essa encarnação indígena, viveram na Terra também como cientistas, padres, educadores ou filósofos, e, juntando essas experiências, tornam-se pesquisadores apaixonados e pensadores que usam a força mental para canalizar e se tornarem responsáveis por intuir as novas tecnologias, mais suaves e integradas ao meio ambiente, que devem fazer parte da Terra regenerada, e também por intuir as novas teorias e sistemas que vão ajudar na formação de novas gerações mais conscientes e responsáveis por uma integração harmoniosa entre a sociedade e a natureza, difundindo uma nova forma de vida mais adequada ao mundo de regeneração que se anuncia: o reino do Homo spiritualis.

Nem todos os espíritos que passam por essa experiência vivem, imediatamente, essa paz sublime e venturosa descrita acima. Muitos ainda não estão preparados e se tornam também obsessores. Passam a se organizar no mundo astral para atacar e obsediar seus antigos algozes. E como dissemos, alguns podem até encarnar e se manifestar através de formas violentas no palco da vida, mas se trata de um grupo minoritário de espíritos.

A Umbanda, assim, realiza um duplo trabalho, mas muito bonito de se ver. Ao mesmo tempo em que leva consolo, esperança e bons conselhos aos encarnados que recorrem a essa religião medianímica, tanto nos modestos e simples terreiros montados no fundo da casa do próprio médium, como naqueles bem estruturados, registrados e que buscam transformar o seu modelo de trabalho em paradigma para os demais, vai trabalhar, do lado de cá, no esclarecimento desses irmãos espirituais presos ao ego, ao desejo de vingança e à obsessão.

É importante sempre lembrar que, mesmo esses, um dia vão despertar do ego que vivenciaram na Terra e vão acumular apenas a experiência positiva vivida em uma nação indígena. Não serão, como dizem, os responsáveis pela violência que se vê na cidade. Ao contrário, serão humanos com grande sensibilidade com a natureza e defensores de uma nova forma de vida, muito mais integrada com a natureza.

Eles são e serão importantes para ajudar a Terra a mudar de estágio, passando de um mundo de provas e expiações para um mundo de regeneração, como já acontece em outros Orbes. O aprendizado adquirido junto à natureza faz com que esse talento não seja desperdiçado nas futuras encarnações. Mesmo que não tenham a mesma aparência, e não se lembrem da nação indígena na qual encarnaram, o aprendizado adquirido é que fará a diferença em suas futuras existências.

Enfatizamos aqui a participação de nossos irmãos Kaingang na Umbanda porque foram os indígenas mais afetados com a expansão do café no interior do Estado de São Paulo. O processo é muito similar com outros grupos, povos e nações indígenas que um dia foram os verdadeiros donos desse território chamado Brasil.

Capítulo 7

Os escravos e os quilombos na região central do Estado de São Paulo

As propriedades rurais que utilizavam o trabalho de pessoas escravizadas necessitavam de uma rotina dura e triste. Para evitar rebeliões, um sistema de vigilância e castigo precisava estar presente 24 horas por dia. E cabia aos feitores a tarefa de manter o cumprimento das atividades sem que grandes acontecimentos emergissem, atrapalhando a dura rotina desses trabalhadores expropriados de seus corpos e de suas almas.

De uma forma geral, o trabalho começava ainda durante a madrugada, por volta das 4 horas da manhã, com jornadas diárias que poderiam chegar a até 18 horas por dia. O almoço, em torno das 10 horas, era composto por farinha, arroz, carne e gordura de porco, além das frutas da época. O almoço costumava ser preparado em grandes panelas e servido em cuias, onde o escravo comia com as mãos ou, em alguns casos, com colheres de pau.

A alimentação precisava ser feita de forma rápida e não havia intervalo para a digestão. O trabalho nas fazendas era extenuante, e o tempo de repouso insuficiente. Todo esse processo resultava em uma expectativa de vida muito baixa para os seres humanizados que viveram a experiência de serem escravizados.

Após receberem do feitor as tarefas a serem cumpridas, era comum vê-los em grupos trabalhando envolvidos pela ambiência da música que cantavam, misturando português e suas línguas de origem. As letras abordavam o cotidiano do trabalho, a saudade da África ou a relação com os patrões.

Como se fossem mantras que repetiam seguidamente, mantinham durante todo o tempo o ritmo monótono e constante daquelas melodias. Hoje, os pontos cantados de Umbanda seguem esse mesmo estilo das antigas fazendas de café.

Até hoje eu me emociono quando estou em um terreiro de Umbanda e os trabalhadores da casa cantam para eu "descer":

Quando ele vem
Vem com sua bengala, com seu patuá
Ele é o pai Francisco
Vem chegando bem devagar
Ele vem de longe
Ele vem pra trabalhar
Ele vem salvar seus filhos na cabana de Oxalá

Uma pequena preocupação com a sobrevivência desses trabalhadores só começou a aparecer quando o tráfico de africanos para o Brasil foi proibido. Os fazendeiros começaram a buscar alternativas, como trazer escravos de outras regiões, estimular a reprodução dos mesmos ou, até mesmo, melhores cuidados para que pudessem viver um pouco mais.

Antes mesmo de me tornar fazendeiro, eu era abolicionista. Por isso, meu coração vivia angustiado por precisar daquela mão de obra. Um dos principais conflitos com meu sócio, tio e sogro era por conta da escravidão. Ele, nascido em 1829, trazia na alma uma identificação quase que natural com o patriarcalismo e com a escravidão.

O dinheiro obtido com o "ouro verde" brilhava em seus olhos e não via problema em comprar escravos através do tráfico negreiro ou a partir do comércio interno, trazendo-os de outras regiões do País ou, até mesmo, estimulando o estupro de mulheres para a gestação de novos escravos, como no caso já narrado do "Pata Seca".

Eu e minha esposa, ao contrário, não conseguíamos acompanhar sem sofrimento a rotina dos escravos nos cafezais. Limpar o terreno, plantar, colher, expor o café ao sol, moer, ensacar, levar em mulas ou carros de bois até o porto e depois embarcar no trem em Porto Ferreira, quando ainda não tinha o trem em São Carlos, em troca de um pouco de comida e um teto, era difícil de aceitar por quem tinha uma formação liberal. Eu não era socialista, mas também não concordava com aquele sistema perverso que eu associava diretamente à Monarquia.

No ano em que nasci, 1850, foi assinada a lei Eusébio de Queirós, proibindo o tráfico de escravos para o Brasil. Mesmo com essa lei, muitos escravizados entraram de forma clandestina no país, mas, principalmente, ela acabou estimulando o aumento do comércio interno de escravos e, junto, o despertar do sentimento abolicionista.

Esse processo estimulou também as fugas de escravos das lavouras cafeeiras e, com a Guerra contra o Paraguai, entre 1865 e 1870, quando muitos escravos foram enviados para a guerra, o ideal republicano e abolicionista cresceu de forma exponencial. O exército brasileiro passou a recusar o papel de "capitães-do-mato", buscando por escravizados que haviam fugido das fazendas. O conflito entre o Exército e a Monarquia se intensificou.

Em 1870, o Brasil era o único país das Américas a ainda manter a escravidão. Por sua vez, a Lei do Ventre Livre, de 1871, não mudou muito essa situação, uma vez que os nascidos de escravas após aquela data só seriam realmente livres após completarem 21 anos de idade. A abolição se tornou um dos principais ideais políticos dos republicanos. A escravidão ficou cada vez mais associada com a Monarquia.

O progresso da nação, como os republicanos pensavam, exigia eliminar a velha ordem e, com ela, a escravidão. Um dos estopins foi a falaciosa lei dos Sexagenários que, ao garantir a liberdade para o escravo com mais de 65 anos, apenas beneficiava o fazendeiro. Poucos escravos chegavam até essa idade e os que chegavam, já não eram produtivos, encontrando-se doentes e necessitando de cuidados. Assim, o fazendeiro não precisava mais se preocupar em alimentar e cuidar de uma pessoa idosa dentro de sua fazenda.

A promulgação dessa lei fez com que os abolicionistas passassem a dar apoio para as rebeliões e para as fugas organizadas pelos escravos. Vários quilombos foram organizados no Estado de São Paulo, sendo o mais famoso, e talvez mais importante, o de Santos, o Quilombo do Jabaquara, criado por Quintino de Lacerda, ex-escravo, abolicionista e primeiro vereador negro no Brasil.

A região onde minha fazenda foi organizada traz referências a um antigo quilombo que existiu por lá. A região se chamava Sesmaria do Quilombo, mas este foi anterior à ocupação pelas fazendas de café. Mesmo assim, no chamado Astral, uma espécie de plano intermediário entre o material e o espiritual propriamente dito, ainda há marcas de uma época em que os espíritos humanizados que foram escravizados e que não se submetiam às ordens impostas eram punidos, normalmente amarrados em troncos e açoitados, quando não eram mutilados, castrados ou tendo alguma parte do corpo amputada.

Todo esse descontentamen7to, todas as formas de resistência, as energias de suicídios e até de abortos realizados para salvar o feto de se tornar também escravo, os assassinatos de feitores, entre outros acontecimentos ainda estão presentes no Astral do Estado de São Paulo, unindo São Carlos, Rio Claro, Limeira e outras cidades em uma espécie de cinturão de sombra que, mesmo após 120 anos do fim da escravidão, ainda permanece influenciando de forma negativa a energia dessas cidades.

A Umbanda tem um papel providencial neste cenário, ajudando a limpar, gradativamente, toda essa toxidade energética. A localização de cada terreiro de Umbanda não é casual. Quantas vezes o médium é levado a abrir uma casa exatamente no local que precisa dessa limpeza.

Muitos desencarnados que viveram como escravizados ainda se encontram em comunidades astrais localizadas no interior de matas, organizando "quilombos". Estes sim precisam ser "doutrinados", melhor seria dizer esclarecidos e libertados do ego que vivenciaram como escravos. A Umbanda faz esse trabalho. Esses espíritos são chamados de eguns. Mas os pretos-velhos não podem ser confundidos com os eguns. Os pretos-velhos são entidades ou espíritos esclarecidos que usam essa postura simbólica para ajudar nos atendimentos fraternos, tanto com os encarnados como em relação aos eguns que precisam se libertar.

Mesmo não tendo mais quilombos na Terra, a região ocupada pelas estradas de ferro no Estado de São Paulo e também pelas fazendas de café, no século XIX, ainda possuem "quilombos" astrais que funcionam como colônias espirituais para sustentar os trabalhos de Umbanda existentes nesta região. São nas cachoeiras, nas matas, nos rios e em outros pontos de energia localizados nestas fazendas que muitos pretos-velhos buscam as energias que vão usar nas curas que realizam de forma amorosa nos milhares de terreiros existentes na região.

Quando nossa fazenda foi montada, o antigo quilombo não mais existia, ficando seu registro na toponímia local: sesmaria do Quilombo, rio Quilombo, córrego dos Negros, entre outros. Mas outros quilombos foram se espalhando pelo território nacional. Como o Exército não aceitava mais colaborar com a Monarquia, negando-se a caçar e a capturar os escravos, os quilombos foram ganhando força e, até mesmo, alguns monarquistas passaram a apoiar a causa da abolição, até que veio a lei Áurea, em 13 de maio de 1888, libertando aproximadamente 700 mil escravizados no País e, no ano seguinte, a proclamação da República.

A proclamação da República e a abolição não mudaram a situação de miséria e de exclusão do negro no Brasil. Muitos fazendeiros, egoístas ao extremo, passaram a pedir indenização ao governo por ter perdido seus escravos.

Se a tão falada democracia racial brasileira não encontra respaldo no plano material, do lado de cá, o negro passou a ser um dos porta-vozes da Umbanda. Na figura simbólica do preto-velho, muitos espíritos que viveram as agruras e amarguras da escravidão passaram a dar conselhos, realizar curas e também consolar, levando uma palavra de esperança e de fé a milhares de consulentes pelo Brasil adentro.

Irmãos adeptos de outras doutrinas espiritualistas afirmam que os "pretos-velhos" nos trabalhos mediúnicos precisam ser "doutrinados". Afirmam que são espíritos "inferiores" que precisam da "luz do esclarecimento". Mas se pudessem, de fato, ver a Luz que estes irmãos carregam na alma, ficariam envergonhados por propagar essa informação.

Assim como falamos dos caboclos, os pretos-velhos também formam agrupamentos de espíritos que se utilizam de formas simbólicas para se manifestarem. Pai Joaquim, pai João, pai Tomé, entre outras denominações são os nomes dessas correntes espirituais, cada uma com a sua finalidade. Há também, dentro delas, espíritos que não foram necessariamente escravizados, mas que se sentem sensibilizados e pedem para atuar no trabalho mediúnico como pretos-velhos. Foi o que aconteceu comigo.

A camélia, que muitos videntes enxergam na lapela da camisa de um preto-velho, é um símbolo muito importante. Ela representava a causa abolicionista. Normalmente, estes pretos-velhos não foram escravos, mas foram fervorosos abolicionistas quando encarnados e, após o desencarne, pediram para atuar na Umbanda, enquanto preparam-se para futuras encarnações.

O quilombo que existiu onde nossa fazenda foi criada foi o segundo maior do Estado de São Paulo. E os nomes córrego dos Negros e rio Quilombo fazem referencia direta a ele. Africanos e indígenas eram praticamente vizinhos. Estes ocupavam a aldeia do Itararé, enquanto os quilombolas faziam seus mocambos, cada um com seu próprio líder e organização, próximos às margens dos rios citados acima.

Para não serem caçados, os sistemas de defesa eram importantes, com várias armadilhas pelo caminho. Sem falar nas trilhas camufladas que interligavam os mocambos. Não fugiram apenas de fazendas localizadas no Estado de São Paulo. Muitos que ali viviam fugiram do Rio de Janeiro, de Minas Gerais, do Mato Grosso e até de Goiás.

O quilombo chegou a manter comércio com pequenos povoados da região. Para obter pólvora, armas de fogos, tecidos e ferramentas, os quilombolas forneciam, em troca, pescados, caça, produtos agrícolas e artesanatos.

O estradão para Cuiabá (construído entre 1721-1726) fez o quilombo ficar conhecido, e muitos fazendeiros organizaram as "entradas", as expedições para caçar os escravizados. Após sangrentas lutas, muitos morreram e outros foram aprisionados e levados novamente para o cativeiro.

A área ocupada por nossa fazenda recebia as águas do rio Mogi Guaçú, do Quilombo, do Araras e dos córregos Itararé e dos Negros. Por ali passavam tropeiros, mascates e pequenos produtores pelo vilarejo que se chamava São Sebastião do Quilombo. Será mera coincidência que no sincretismo religioso este santo representa Oxossi?

Capítulo 8

Os imigrantes e os colonos na fazenda de café

A produção do café continuou a alimentar a economia brasileira após a proclamação da República e a Abolição. Desta vez utilizando a mão de obra dos colonos que imigravam, principalmente, da Europa. A riqueza gerada permanecia concentrada nas mãos de poucos fazendeiros que faziam fortuna. As mansões começavam a surgir na Avenida Paulista, na cidade de São Paulo, simbolizando o poder da elite cafeeira durante toda a chamada República Velha (1889-1930).

Com a abolição da escravidão, tornando ilegal o trabalho forçado e baseado na violência, acreditávamos que o processo econômico e social que perdurou por toda a Monarquia seria modificado. Mas não é fácil mudar uma mentalidade construída ao longo dos séculos. O tráfico negreiro perdurou por muito tempo. Poucas foram as vozes que se levantaram contra a escravidão até meados do século XIX.

Algumas experiências com imigrantes aconteceram antes de 1850, mas não deram certo. Alguns cafeicultores, cientes de que a proibição do tráfico negreiro aconteceria em breve, fizeram contratos de parceria, como foi o caso do Senador Vergueiro, na cidade de Piracicaba, com imigrantes alemães e suíços. Esse modelo, porém, logo se mostrou desinteressante para os imigrantes.

Apesar do contrato de parceria definir que o trabalhador receberia 50% dos lucros do café produzido, o pagamento demorava para sair e a dívida com o fazendeiro se avolumava rapidamente, pois os juros eram exorbitantes e só podiam comprar nos armazéns existentes dentro da fazenda, cujos preços também eram altos. Esse processo logo frustrou os imigrantes e, antes mesmo de 1860, este modelo de contrato foi abandonado.

Na década de 1880, o governo de São Paulo passou a custear a despesa com os imigrantes que vinham para trabalhar na cafeicultura. Essa intervenção do Estado beneficiou os fazendeiros e a mão de obra, principalmente italiana, começou a chegar para atuar nas fazendas de café, substituindo a escrava.

Para se ter uma ideia, em 1880, ano em que aconteceu a primeira colheita de café em nossa fazenda, habitavam o local 700 pessoas, a maioria pessoas escravizadas. Em dez anos, a população passava de cinco mil, agora formada basicamente por imigrantes. Estes cultivavam a terra, cuidavam da serraria, da olaria, fabricavam troles, administravam hotéis, barbearia e outros setores da área de comércio e serviço.

Cinco anos antes da morte do coronel, em 1898, em terras doadas por ele, a igreja matriz foi construída. A devoção católica dos italianos era muito forte. Com a presença dos imigrantes começava também uma maior devoção pelos santos católicos e o crescimento de um catolicismo popular que se integrava aos cultos africanos.

Apesar da chegada dos nordestinos à região ter se intensificado na década de 1970, no início do século XX já se podia notar a presença de alguns migrantes nordestinos fugindo da seca. Com eles, o "quilombo umbandístico" no astral começou a mudar de configuração, integrando as posturas simbólicas hoje populares na Umbanda como os baianos, os cangaceiros, os boiadeiros, entre outros.

Vou dar aqui um exemplo para melhor explicar o papel das posturas simbólicas na Umbanda. Estas estão associadas diretamente ao universo sociocultural, principalmente de grupos marginalizados e excluídos. O espírito esclarecido, que chamamos também de entidade, representa um papel durante uma sessão de Umbanda. Ele pode ter vivenciado uma encarnação onde encarnou literalmente aquele papel ou não, como no meu caso enquanto atuei como Pai Francisco, sem ter tido uma encarnação como escravizado. Ao contrário, fui um cafeicultor que, mesmo a contragosto, utilizei a mão de obra escrava em minha fazenda.

Mas vamos ao exemplo. Fui convidado para acompanhar um trabalho de Umbanda que aconteceria no Japão, por meio de um médium brasileiro que lá trabalhou por sete anos. O trabalho aconteceu na casa do próprio médium, seguindo a orientação do seu mentor, que utiliza a postura simbólica de médico nos trabalhos mediúnicos.

Naquela sessão, três entidades se manifestaram: uma representando um monge budista, outra representando um samurai e o encerramento foi com uma "criança". Até aquele momento, aquelas posturas simbólicas eram novidade para mim. Mas logo percebi a semelhança na representação entre o preto-velho e o monge budista. Ambos representam a sabedoria, representam alguém com muito conhecimento para transmitir.

Por sua vez, notei que a forma de se expressar e a missão era a mesma entre o caboclo brasileiro e o samurai. Ambos representam a força moral e ajudam a fortalecer a fé ou dar coragem para enfrentar as vicissitudes da vida. E a criança é um símbolo universal da felicidade e da pureza.

Naquele trabalho entendi que as posturas são simbólicas porque elas devem se adaptar ao contexto sociocultural, mas, ao mesmo tempo, o que representam é universal. Assim, mesmo que não se manifestem pretos-velhos em um trabalho umbandístico no Japão, haverá espíritos utilizando a postura de sábios budistas para atender fraternalmente e levar consolo espiritual para os consulentes.

Voltando agora ao Brasil, mais particularmente nas primeiras décadas do século XX, enquanto no Astral, na colônia que funcionava bem em cima da fazenda, a ambiência era de harmonia e de integração entre os povos, na Terra era comum presenciar brigas e conflitos, principalmente entre os italianos e os negros. Com frequência, os casos acabavam na polícia. Eram brigas por causa de mulheres, bebidas e até por trabalho.

Nem as festas passavam incólumes. O coronel, apesar de tudo, era um católico fervoroso e um bom apreciador de festas. Ele doou o terreno para a construção da igreja matriz e, em 1885, aconteceu a primeira festa em louvor aos santos padroeiros.

O vilarejo já contava com um hotel, que ficou lotado para hospedar os visitantes. A fábrica de carroças e troles não parava de expandir os seus negócios. A demanda por bengalas, chapéus e outros acessórios também era grande. A festa foi um grande acontecimento.

A fazenda, neste período, empregava mais de cinco mil trabalhadores, a maioria deles formada por mão de obra imigrante que lá trabalhavam na produção de café, açúcar, algodão, milho, carne bovina e suína, tijolo, madeira e outros produtos.

Na fazenda, o casarão com suas dezenas de cômodos, a vida era intensa. Na edificação ao lado onde funcionava uma serraria, hospedavam-se os viajantes e no porão dormiam os escravos. Na tuia o café era beneficiado e, na pequena capela, missas e outros eventos eram realizados.

Um dos terreiros de café possuía mais de um quilômetro de extensão, com tanques para lavar o café. Os paredões de pedra que isolavam as construções foram todos construídos pelos escravos.

No centro do povoado funcionava a rua do comércio, onde a circulação de pessoas era também intensa, entrando e saindo dos empórios, armazéns, farmácias ou padarias. Na fazenda moravam cerca de duas mil pessoas, mas trabalhavam mais de cinco mil. O povoado também cresceu por medo da febre amarela, levando muitas pessoas a se mudarem para lá.

Em 1912, o povoado, com cerca de doze mil moradores, virou distrito de uma cidade média e a expressão Quilombo foi retirada de seu nome.

Como o mundo Astral não é o verdadeiro mundo espiritual, mas um local de transição, uma espécie de continuação da vida na Terra, pois ele é criado pelas formações mentais do ego, ele também sofria importantes mudanças na virada do século XIX e nas duas primeiras décadas do século XX.

Quando se diz que tudo que se liga na Terra se liga no Céu, está se referindo ao mundo Astral, que podemos dizer também que se trata do "primeiro céu". Boa parte dos desencarnados que transitam por ele ainda não recuperaram a consciência espiritual plena, ainda pensam e agem motivados pelo ego que viveram na ultima encarnação.

Por exemplo, se o espírito viveu como mulher sua última encarnação, vai se perceber também como mulher no Astral, talvez apenas veja seu corpo astral rejuvenescido, caso já esteja consciente de estar desencarnado. No Astral quase todos os espíritos possuem uma aparência entre 30 e 40 anos de idade, tomando como referência a Terra, mas estão ainda presos ao ego.

Como já salientei, o mundo Astral possui sete dimensões. As três primeiras estão diretamente ligadas à Terra. Da quarta em diante já estão os espíritos desencarnados em condição de passar pela "segunda morte", ou seja, quando conseguem se desligar do ego e "ascender" para dimensões superiores, onde gozam de sua consciência plena. Onde são capazes de avaliar sua última existência plenamente e pode planejar a seguinte.

Apesar de as religiões serem projetadas nas dimensões superiores, é no Astral que ela se organiza e atua em conexão com a Terra. Nem sempre a religião é no Astral semelhante ao que vocês encontram na Terra. Aqui a influência do ego humano ou do encarnado é neutralizada e as religiões funcionam da forma perfeita, da forma como foram planejadas por seus mentores. Mas, só a título de curiosidade, há religiões na Terra que não mais encontram ligação com o Astral. Elas foram tão desvirtuadas ao longo do tempo que perderam essa conexão sagrada. Na Terra serve apenas para as aventuras de charlatões, mercadores da fé e sacerdotes cujo ego é incomensurável e usam a religião para autopromoção.

Obviamente que espíritos se ligarão a elas, ou seja, aqueles que vocês classificam como sendo zombeteiros, mistificadores e fascinadores. São espíritos ainda ligados ao ego, já conscientes de estarem desencarnados, mas que, também, agem de forma inconsciente como instrumento do carma. É importante salientar que tais religiões não possuem mais conexão com a dimensão sagrada da vida, com seus verdadeiros mentores.

No caso particular da Umbanda, esta se adaptou ao novo cenário sociocultural. Novas formas simbólicas foram adotadas e começaram a surgir nos terreiros da Terra, além dos pretos-velhos e dos caboclos, também os marinheiros, os baianos, os cangaceiros, os boiadeiros, entre outros. Também as formas simbólicas associadas ao catolicismo tradicional se fizeram presentes na Umbanda, como as freiras e os padres católicos.

Em 1907, mas de dez mil imigrantes trabalhavam na nossa fazenda de café. Boa parte do tempo eles trabalhavam na lavoura cafeeira, e o restante para sua subsistência. Muita confusão e conflitos se verificavam no cotidiano da fazenda. Daí a necessidade de organização de uma colônia no Astral, acima da fazenda, para acolher esses irmãos após o desencarne.

A vinda de imigrantes começou ainda na Monarquia, no Estado de São Paulo. Em 1881, o governo pagava metade e os fazendeiros a outra metade das despesas de viagem destes imigrantes. Em 1884, essa despesa foi totalmente subsidiada pelo poder público.

Os fazendeiros davam preferência às famílias de imigrantes organizadas de forma patriarcal e com experiência na lavoura. Todos deveriam trabalhar: homens, mulheres e crianças, no sistema que ficou conhecido como colonato.

Não só de colonos viviam as fazendas, após a abolição. Negros livres, brancos pobres, mulatos e outros também eram eventualmente contratados para trabalhar nas fazendas, muitos migrando de outras regiões para o Sudeste.

O que mais impressionava era a imagem que se fazia dos colonos. A política de imigração não deixava de ser racista. Os imigrantes brancos, livres e europeus eram apontados como superiores, enquanto os ex-escravos, negros e pobres, eram estigmatizados como vagabundos. Essa política para se estimular o branqueamento da população excluiu a população negra da nova sociedade que se pretendia construir. A República continuava tão excludente quanto à Monarquia.

No trabalho, cada família recebia uma porção de terra para cuidar, plantando e colhendo. O número de pés de café variava de dois mil a quinze mil, dependendo da família. O trato incluía a capina, o replante das mudas e a coroação, ou seja, a preparação para a colheita. Em seguida vinha a colheita, que envolvia toda a família. Os colonos também podiam plantar para a subsistência e ter animais.

No contrato várias cláusulas previam multas para o colono. De certa forma, uma "indústria da multa" era constantemente praticada para prender o colono na fazenda. Muitos colonos fugiam, buscando melhores condições de vida no meio urbano ou até mesmo voltando para seus países de origem.

Porém, foi somente ao chegar do lado de cá que me deparei com a triste realidade de muitos colonos. Do lado de cá somos capazes não só de ler o pensamento, mas saber o que a pessoa está sentindo. E, mesmo ainda preso ao ego, fui criando uma empatia pelos colonos, sentimento que não tinha enquanto encarnado.

Mesmo sabendo que cada um passa pelas provas escolhidas voluntariamente antes de encarnar, não tem como não nos sensibilizarmos com alguns casos. Do lado de cá, eu via crianças sujas e passando fome, desejando a atenção dos pais que se ocupavam das obrigações nas fazendas.

E quando focava a atenção sobre estes últimos, via as cenas da vida que levavam no norte da Itália. A pobreza extrema e também uma fé religiosa inabalável que dava força para enfrentar tanta vicissitude. Faziam rituais contra o demônio para que as colheitas fossem melhores, se agarravam ao rosário, praticando um catolicismo popular que, se do lado da terra poderia ser classificado como passivo e de valorização do sofrimento, do lado de cá era possível ver a luz que se irradiava desse fervor religioso.

No Brasil, apesar das dificuldades, esse catolicismo popular impactou no Astral e rapidamente se integrou ao ecletismo criativo próprio da Umbanda. Desconhecendo essa importante participação dos colonos italianos no Estado de São Paulo, é comum muitos estranharem quando um terreiro de Umbanda tem como "pai de santo" alguém chamado, por exemplo, Guiseppe. Quantas pessoas não se perguntam: mas ele é italiano. Como foi virar médium umbandista, uma religião afro-brasileira?

A resposta encontra-se acima. A Umbanda é a religião que abraça a todos. É a mais universalista das religiões!

Parte III

A mediunidade na fazenda

Nesta terceira e última parte do livro, abordarei como a mediunidade esteve presente no cotidiano da fazenda e como não sabíamos lidar com ela, o que resultou em muito sofrimento, principalmente para a irmã de minha esposa e filha do coronel.

Por meio da prática mediúnica realizada, principalmente entre 1907 e 1911, muitos espíritos foram despertados. Esse processo foi importante para eu compreender o que o mentor daquele trabalho considerava como sendo o espírito e como ele se diferenciaria do ego, tentando nos explicar o processo de humanização do espírito.

Ainda encarnado, passei a aceitar que estávamos vivendo a fase humanizada do espírito e que já havíamos passado por outras fases e que passaremos por outras. A fase humanizada é uma entre as várias possibilidades na longa escala evolutiva do espírito que é criado sem sabedoria e experiência de vida. Mas o que importa no momento é como se deve vivenciar a fase humanizada do espírito e não as outras.

Após o meu desencarne, fui preparado para atuar na Umbanda utilizando a postura simbólica de Pai Francisco, e vou voltar a viver na fazenda, em breve, e atuar, desta vez, como médium, também na Umbanda, ajudando o coronel e sua esposa em sua nova jornada.

Capítulo 9

O processo de "descida" e de "subida" durante a humanização do espírito

Na fase humanizada do espírito, a única em que existe a lei de causa e efeito ou lei do carma, o espírito escolhe antes de encarnar um gênero de existência. Aqui reside o seu livre-arbítrio. Após a escolha, um destino será criado, composto por provas, expiações e missões. Mas o espírito humanizado, esteja ele encarnado ou desencarnado, ainda possui o livre-arbítrio na atitude, ou seja, em relação à intenção com a qual participará das ações carmáticas, seja agindo ou reagindo nos diferentes palcos deste mundo de provas e expiações em que nos encontramos.

A humanização do espírito é realizada por meio de duas etapas. Na primeira, abaixando a sua vibração, o espírito se projeta em uma dimensão que podemos chamar de anímica ou como quinta dimensão. Aqui ele se comporta como um ser humanizado genérico, ou seja, ele não tem raça, gênero, etnia, classe social entre outras possíveis opções existentes na Terra. É esse ser humanizado universal, que podemos chamar de alma ou de individualidade, que vai escolher seu gênero de existência. Ele que encarna enquanto não vence a fase humanizada. Assim, ao escolher, vai definir uma raça, uma etnia, um gênero, uma classe social, uma religião etc. para sua próxima encarnação.

É importante frisar que os países, e dentro destes, as regiões, funcionam de forma similar às quadras esportivas: são delimitações para que um determinado jogo aconteça. Da mesma forma que não dá para jogar futebol em uma quadra de tênis, não dá para passar por determinadas provações se não acontecerem em específicos países.

Podemos dizer que o que a individualidade vai representar será o ego ou a personalidade. Esse ser habita o mundo astral, psicosfera ou quarta dimensão e se projeta para o plano físico. O que isso significa? Que o ego possui uma parte que se manifesta no plano físico, durante o estado de vigília, e uma parte que seria subconsciente, e que se manifesta na quarta dimensão.

Por isso que dizemos que a diferença entre a terceira e a quarta dimensão é de grau e não de natureza. Para acessar a quarta dimensão basta uma pequena expansão da consciência, o que se faz através de um relaxamento, de uma prática meditativa e até através da mediunidade.

Após a criação da personagem, vem, então, a encarnação. Esse é o processo de "descida" do espírito. Ele é um processo que causa ansiedade e até medo no espírito. Mesmo sabendo em linhas gerais o que vai acontecer ao longo das décadas em que estará encarnado, não deixa de ser uma aventura. O espírito sente aquela dor na barriga como sente o ator antes de entrar no palco.

Mas o problema mesmo é a "subida". O retorno ao mundo dos espíritos. Não basta desencarnar para recuperar a consciência espiritual. Por isso já salientamos que os desencarnados ainda possuem ego. Muitos desencarnam, mas permanecem vivendo o mesmo personagem durante um tempo que pode variar de dias, semanas, meses ou até mesmo anos ou décadas. Isso acontece porque na "subida" nem sempre o espírito vai se lembrar imediatamente que viveu um processo de "descida". Esse recordar não ocorre de uma hora para outra.

Daí a possibilidade de ele ficar no Astral pensando e vivendo como fazia no plano material, com uma única diferença: sendo invisível para os que estão encarnados.

Foi o que aconteceu com a primeira mulher do coronel. Antes de encarnar eles escolheram um gênero de provas. Porém, ao desencarnar, por estar presa ao ódio que sentia pelo coronel, ela ficou no Astral vivendo a mesma personalidade. Nesse caso, ela tinha uma arma contra o coronel: a invisibilidade que permitia se aproximar sem que ele percebesse. Assim, ela podia agir sem ser notada pelas pessoas. Apenas as pessoas com uma mediunidade mais ostensiva conseguia perceber sua presença, inclusive sua filha, considerada por muitos como esquizofrênica.

Esta, desde pequena, tinha vidência. E sofria com os constantes pesadelos. Quando a mãe morreu, passou a vê-la com frequência, tanto no estado de vigília como por meio de sonhos. No estado de vigília, quando a mãe se aproximava carregada de ódio pelo coronel, ao sentir o impacto energético, tinha um ataque epilético. Queria explicar o motivo, mas não conseguia.

O coronel passou a ter vergonha da filha e queria a esconder, colocando-a em um semi-internato, na cidade de Itú. Por ser uma escola católica, a jovem foi classificada como tomada pelo demônio e submetida a exorcismos que não davam resultado. O pai foi notificado várias vezes sobre as crises da filha. Era maltratada pelo pai, que não entendia o que a filha tinha e, irritado, a agredia.

Quando ela voltava para a casa do coronel, minha mulher, com a ajuda de um padre heterodoxo, costumava levá-la para ser benzida por uma senhora negra que dizia que a jovem se comunicava com os eguns (desencarnados). Inclusive falava que a mãe delas estava muito brava e que pretendia se vingar do pai. Ela precisaria de muita oração para apaziguar tanto ódio.

Também um ex-escravo dizia ver a ex-mulher do coronel usando uma roupa preta que a cobria da cabeça aos pés e fazia alguns rituais para afastá-la de lá, e também para ajudá-la a seguir seu caminho.

Eu não tinha religião e me mantinha neutro. Não acreditava e nem desacreditava. Não era cético como os médicos, que classificavam a menina ora como esquizofrênica e ora como histérica, receitando tratamentos estranhos como casá-la ou masturbar a moça. E nem tinha a fé daqueles que acreditavam que espíritos, no caso, a ex-esposa do coronel, poderiam estar por trás daquele sofrimento todo que a jovem vivenciava.

Por orientação desse ex-escravo, quando foi feita a capela dentro da fazenda, um símbolo de Yemanjá foi colocado na entrada para proteger o local. O coronel nunca desconfiou daquele símbolo logo acima da entrada da capela.

A jovem cresceu e se tornou uma pessoa muito sensível, apreciadora de arte e de cavalos. Gostava muito de meu filho mais velho, inclusive o incentivando a ser jóquei, o que aconteceu após vendermos a fazenda em 1919.

Ela nunca se casou, mas teve vários casos amorosos, muitos ali mesmo na fazenda, tanto com alguns escravos com quem gostava de se encontrar perto de uma cocheira, como depois com alguns jovens colonos.

Ainda criança, tinha um comportamento que, para a época, não era considerado adequado para uma menina. Sua mãe costumava dizer que se não mudasse jamais encontraria um marido, pois nenhum homem iria ter interesse em se casar com ela.

Para minha esposa, a rebeldia de sua irmã mais nova era devido a um trauma quando ainda era bebê. A mãe tentou afogá-la em uma bacia enquanto dava banho na menina. Se não fosse a chegada repentina do coronel, ela teria sido morta.

Na juventude, tornou-se uma pessoa muito sensível, apreciadora das artes e dos cavalos. Mas era muito radical na defesa de suas teorias e desejos, não aceitando opiniões contrárias e muito menos que se intrometessem em sua vida. De certa forma, era uma ninfomaníaca e gostava de se embebedar, o que irritava e envergonhava o coronel.

Quando a mãe morreu e o pai a mandou estudar em Itú, pensando que vivendo com freiras poderia mudar seu comportamento, começaram as "alucinações". Estando em uma escola católica, logo foi classificada como possuída pelo demônio e seria exorcizada.

Ela passava alguns dias na escola e voltava para casa. Na fazenda ela via a mãe e passava mal. O coronel com medo, batia na menina achando que assim o demônio iria embora. Era somente durante os benzimentos que a irmã a levava para receber que ela tinha uma pequena melhora.

Certo dia, já no século XX, e após o desencarne do pai, ela começou a dizer que este havia encomendado a morte da mãe. Ela ficou paranoica e passou a sofrer muito. Chamava pela mãe, xingando-a com uma infinidade de palavrões, além de ficar gritando que o pai era um assassino.

Os benzimentos e os rituais do velho preto não surtiam mais efeito. O quadro da jovem estava se agravando e seus familiares resolveram internar aquela mulher em um hospital psiquiátrico, ou em um sanatório como se dizia na época.

Quando voltei da viagem para a Europa com o meu filho caçula, soube do que tinha acontecido. Ela teria conseguido fugir do sanatório, e em um rio teria cometido suicídio.

Como já salientamos, esse fato foi o que gerou o processo metanoico que possibilitou a ex-mulher do coronel despertar daquele pesadelo hipnótico que havia se transformado seu ódio pelo coronel.

O desencarne da filha fez com a ex-mulher do coronel começasse a mudar internamente. Ela se arrependeu e se sentiu culpada, passando a desejar o reparo de seus erros. Queria ajudar a filha, mas não conseguia ter acesso ao lugar onde a alma da filha estava.

Neste momento, foi recolhida a uma colônia espiritual junto com a alma do coronel, onde começaram um tratamento e foram, gradativamente, lembrando que eram irmãos espirituais que haviam passado por mais uma experiência humanizada.

Conseguiram se perdoar e compreenderam seus erros. Decidiram viver uma nova encarnação e foram orientados que o corpo perispiritual da filha estava muito danificado. A recuperação no mundo astral antes dela recuperar a consciência seria demorada. Possivelmente, uma encarnação compulsória ajudaria na recuperação, podendo diminuir em até três vezes o tempo que seria necessário no Astral.

Duas propostas foram feitas ao casal: ela poderia encarnar antes e depois de um tempo o casal iria adotá-la ou, ela poderia esperar mais um pouco para encarnar e nascer como uma filha do casal. No primeiro caso, eles iriam adotá-la, sabendo que ela teria um problema mental grave. No segundo, só ao nascer é que eles saberiam, uma vez que não se recordariam dessa reunião preparatória para uma nova aventura encarnatória.

O casal optou pela primeira proposta. E assim aconteceu. Ela encarnou como irmã do coronel e quando seus pais desencarnaram, ela foi morar com o casal, que já tinha três filhos pequenos. Ela precisou de uma encarnação compulsória para o espírito viver o mesmo ego. Mas agora a encarnação seria o tratamento necessário para sua recuperação.

Em um segundo momento, com seu corpo astral ou perispírito recuperado, será possível se libertar desse ego e reavaliar essa humanização e reter, dela, apenas os aprendizados obtidos.

Foi do lado de cá que compreendi o sofrimento daquela jovem alma. Envolvida com magia por várias encarnações e com um débito espiritual relativamente alto, nasceu com uma me-diunidade ostensiva e não encontrou o apoio necessário para utilizar esse potencial psíquico de forma equilibrada.

Antes de encarnar, o espírito sabia que sua expiação seria complexa e que poderia ter consequências se não trabalhasse a humildade. Porém, apesar de grande sensibilidade, era muito egocêntrica e, podemos dizer, era má, humilhando demais os escravos e outras pessoas que considerava "inferiores". Ela foi contraindo, com esse comportamento, muitos inimigos no Astral.

Mesmo sem ter intenção, o ódio da mãe apenas agravava sua situação. Sua vibração enfermiça era sentida pela jovem, gerando os ataques epiléticos. Seus amigos espirituais tentavam ajudá-la nos momentos em que pintava ou ensinava crianças a pintar. Mas seus inimigos conseguiam se aproximar em outros, inclusive a intuindo sobre a morte da mãe e a estimulando a cometer o suicídio.

Capítulo 10

A mediunidade é uma prática psíquica entre o ego do desencarnado e o ego do encarnado

Costumamos dizer que a mediunidade é o intercâmbio mediúnico entre um encarnado e um desencarnado. Isto está correto, mas é uma prática psíquica entre o ego do desencarnado e o ego do encarnado. E como salientamos, os espíritos humanizados e desencarnados que ainda possuem ego estão presos ao mundo Astral, que possui sete camadas. Normalmente são os que estão nas três primeiras que se manifestam. Mas não quer dizer que somente espíritos ainda iludidos pelo ego vão se manifestar.

É possível aos espíritos esclarecidos, também chamados de entidades, se manifestarem. Nesse caso é necessário criarem um ego provisório para realizar o intercambio mediúnico. São as chamadas posturas simbólicas. Por isso se manifestam como pretos-velhos, indígenas ou caboclos, exus, pombas giras, marinheiros etc. Cada postura simbólica representa um papel durante o intercâmbio mediúnico.

Nem todo preto-velho foi, um ex-escravizado. Eu, por exemplo, atuei na Umbanda usando a postura de Pai Francisco e fui, na minha última encarnação, um fazendeiro que teve, mesmo a contragosto, escravizados trabalhando para mim.

Na unidade anterior apresentamos a importância da Umbanda e como as ferrovias invadindo os territórios indígenas e também a escravidão influenciaram na organização da Umbanda no Astral, para ser uma religião medianímica capaz de ajudar a limpar as energias deletérias acumuladas na Terra e que se expandem também naquela região. É por isso que a Umbanda não tem uma padronização como acontece com a religião católica ou com o espiritismo. A Umbanda vai se organizar de acordo com a necessidade de cada local.

Meu primeiro contato com a mediunidade aconteceu na fazenda, mesmo sem entender muito bem o que era e ter uma relação ambígua diante de suas manifestações. E foi graças a uma jovem professora que passei a dar mais atenção ao fenômeno.

Minha esposa era a filha mais velha do coronel. A segunda tinha uma mediunidade ostensiva e, após a morte da mãe, foi estudar em um semi-internato em Itú, como já relatei. Ela passava a semana na escola e voltava nos fins de semana. Porém, as freiras sempre entravam em contato com a família por causa dos ataques epiléticos e outros problemas que ela manifestava na escola. No semi-internato diziam que ela estava tomada pelo demônio.

A menina via diversos espíritos na escola. Alguns ajudavam e outros atrapalhavam. Quando via a alma da mãe morta, ela tinha os ataques epiléticos. Ela tentava explicar, mas não conseguia. O sofrimento que sentia era muito grande.

O coronel não gostava de conversar sobre o assunto e tentava resolver a situação da maneira dele, um tanto violenta. A menina apanhava quando estava em transe. Muitas vezes o coronel pegava um exemplar da Bíblia e com ela a agredia.

A irmã mais velha, mais compreensiva, tentava ajudar. Ela conheceu um padre que tinha uma visão mais heterodoxa sobre o catolicismo e, por isso, a levava escondida até uma senhora que benzia. Lá essa senhora explicava o que estava acontecendo e tentava passar orientações. Tentavam ajudar a alma da mãe, mas não conseguiam.

Também na fazenda havia um ex-escravizado que continuou a trabalhar lá após a abolição, e que tinha uma boa educação mediúnica. Junto com ele e com o padre, tentavam ajudar as almas que lá estavam precisando de ajuda e também a mãe. Mas o trabalho que faziam era empírico, sem nenhuma base teórica. O padre não sabia o motivo, mas não concordava com as práticas de exorcismo.

Em 1906, três anos após a morte do coronel, uma jovem moradora da colônia foi transformada em professora por minha esposa, e isso intensificou seu contato com a família. Foi assim que soubemos que a jovem professora tinha interesse pelo espiritismo e, de certa forma, despertou também meu interesse pelo tema.

Entre 1907 e 1910 eu vivia no Rio de Janeiro e vinha para São Paulo a cada dois meses. O principal motivo era participar das reuniões mediúnicas que realizávamos de forma secreta dentro da fazenda, particularmente, dentro da capela. E aproveitava para presentear a jovem com algum livro que eu comprava no Rio de Janeiro.

Quando a professora apresentou para o grupo O Livro dos Espíritos, de Allan Kardec, o padre e minha esposa montaram um pequeno grupo para estudar o livro sem que ninguém soubesse. Apenas os quatro se reuniam, tarde da noite, para ler e comentar os ensinamentos. Aproveitavam para fazer orações pelos escravos que lá morreram, assim como para o coronel e sua ex-esposa, e para outros desencarnados que acreditavam estar precisando de luz.

Não passou muito tempo e uma cigana foi procurar trabalho na fazenda. Ela havia sido expulsa de seu grupo e, sabendo da importância da fazenda, foi até lá oferecer seus trabalhos. Minha esposa a contratou para trabalhar na cozinha depois que soube que a cigana era vidente e que conseguia conversar com os espíritos. Ela tinha uma mediunidade semiconsciente.

Assim, além de ajudar na cozinha, ela passou a ser a médium que o grupo precisava para fazer os seus trabalhos. Acabei sendo o sexto elemento do grupo, participando das reuniões quando visitava a fazenda, a cada dois meses. Esse encontro era feito de forma absolutamente secreta, como se fôssemos criminosos, até porque o código penal de 1890 considerava a prática do espiritismo crime, ao mesmo tempo em que a nossa constituição defendia a liberdade religiosa. Esse paradoxo rendeu muita confusão por anos.

No Rio de Janeiro, era comum encontrar os jornais comentando que a doutrina de Kardec era perigosa e que leis precisavam ser criadas para coibir a sua prática. Ao mesmo tempo se falava de uma nova religião que estava surgindo em Niterói, a Umbanda. Como eu não tinha religião, conseguia não me envolver emocionalmente neste debate. Era comum os jornais associar ao espiritismo todos os tipos de problemas, inclusive os casos de suicídio ou de homicídio.

Ajudar aquela jovem, a filha mais nova do coronel, não era tarefa fácil. A moça era muito sensível e, quando cresceu, nunca se casou, apesar de ter tido alguns casos amorosos. Para os médicos, essa seria a causa de sua histeria. Mas um relacionamento estável com uma pessoa não estava em seus planos. Era muito sensível e apreciadora das artes. Como era muito egocêntrica e vivia arrumando encrenca, poucos se aproximavam dela. A mãe, antes de morrer, dizia que ela jamais iria arrumar marido com aquele comportamento e que iria virar uma solteirona.

Meu filho mais velho era sua principal companhia na fazenda. Ele gostava da tia, pois bebiam junto e saiam para ir a festas. Ele gastava muito dinheiro com carros, bebidas, mulheres, além de cachorros e cavalos. Seu sonho era virar jóquei, o que aconteceu após vendermos a fazenda. Mas sua carreira foi curta. Ele foi brutalmente assassinado em 1923.

Ao contrário da irmã, incapaz de guardar rancor de quem quer que fosse, a filha mais nova do coronel era impetuosa, desde a infância, e muito vingativa. Exagerava em todas as situações, brigando com quem não aceitava o seu ponto de vista. Esse comportamento apaixonado fazia com que brigasse muito e guardasse muito rancor em seu coração, igual à mãe.

Nos momentos em que se mostrava altruísta era mais fácil ajudá-la. Mas logo era dominada por sua vontade ardorosa e impulsiva, que fazia com que muitos se afastassem dela. Tomada pela raiva e pela incompreensão, sua mediunidade se tornava descontrolada e nossa ajuda inútil.

Eu nem desconfiava que a mediunidade intensificava esse comportamento por afetar diretamente o sistema nervoso. Aliás, como médico, esse era um assunto que eu pretendia desvendar na Terra, antes de encarnar. Era uma prova que assumi: ajudar a elucidar a dimensão fisiológica da mediunidade a partir de um olhar médico, mas sucumbi. Como não era uma missão, acabei desviando minha atenção para a política e deixei passar essa questão. A dimensão fisiológica da mediunidade só foi chamar a minha atenção quando minhas forças já não mais me permitiam refletir sobre o assunto.

Voltando à filha do coronel, ela não gostava do catolicismo e nem dos padres. Era radicalmente contra a escravidão. Sua raiva era tanta que sofria muito. Juntou a isso a mediunidade sem orientação para que o resultado fosse uma vida sacrificada e marcada pelo sofrimento.

Seus poucos momentos de paz era quando pintava e dava aulas de pintura para crianças. Como também gostava de cavalos, chegou a financiar corridas e patrocinar jóqueis. Nesses momentos ela também despertava um pouco da felicidade que carregava em sua essência, mas que passava a maior parte do tempo adormecida.

Eram nestes poucos momentos que os bons espíritos tentavam ajudar, mas ninguém consegue roubar o maior patrimônio que o espírito possui: o seu livre-arbítrio. Não conseguimos interferir no livre-arbítrio de ninguém, lembrando que este foi exercido plenamente após a escolha do gênero de provas, antes de encarnar.

Com o seu gênio difícil, só restava, muitas vezes, orar. O quadro se agravou quando ela intuiu que a morte da mãe tinha sido influenciada pelo pai. Entre 1907 e 1910, tentamos ajudá-la e também seus obsessores. O nosso trabalho mediúnico não foi suficiente para despertar a consciência espiritual dela. Em 1911, eu, minha esposa e meu filho fomos para a Europa. Quando voltamos soubemos que ela havia sido internada em um sanatório.

O início da Primeira Guerra Mundial, em 1914, abalou ainda mais a energia da Terra, afetando as pessoas muito sensíveis. E junto com a Guerra, recebemos a notícia de que a jovem tinha fugira do sanatório e cometera suicídio em um rio.

Capítulo 11

A mediunidade vista do plano espiritual

Entre 1907 e 1910, antes de viajar para a Europa, a cada dois meses eu vinha para São Paulo e aproveitava para ir até a fazenda. As safras estavam diminuindo e eu não tinha mais a mesma capacidade de trabalho e nem o mesmo interesse do passado. A administração da propriedade estava aos cuidados de minha esposa e de meu filho mais velho.

Além dos estudos sobre a mediunidade, minha atenção se voltava para a professora da fazenda. Eu a tratava como uma filha, mas não tinha como não olhá-la também como mulher. Certo dia, ao chegar do Rio de Janeiro, estava na varanda da casa e conseguia ouvir os dois brigando em um dos quartos. Minha esposa era muito atenciosa e responsável, enquanto ele só se preocupava em gastar dinheiro. Ao olhar para baixo, vi a professora com um grupo de crianças em frente ao casarão, fazendo algum jogo.

Desci e fui acompanhar a atividade. Quando a aula acabou, ela me convidou para tomar um café em sua casa, na colônia. Não precisei falar nada. Pelo meu olhar ela entendeu o que eu sentia e precisava. Lá, me ofereceu café, me abraçou, beijou meus lábios e me levou para sua cama. Nossos encontros eram esporádicos, a cada dois meses, mas a partir daquele dia, cada vez mais intensos, principalmente quando voltei da viagem para a Europa. Meu sonho era poder viajar com ela, o que não foi possível.

Em 1908, eu estava no Rio de Janeiro quando soube que uma nova religião medianímica estava nascendo, a Umbanda, após uma manifestação polêmica de uma entidade que se manifestou com o nome de Sete Encruzilhadas, na Federação Espírita de Niterói, através do médium Zélio Fernandino de Moraes. Quando viajei para São Paulo contei dessa novidade para o nosso grupo mediúnico, que ficou muito curioso em conhecer, principalmente a professora.

Mas só fui a uma sessão de Umbanda após voltar da viagem à Europa. Lá me falaram da minha ex-sogra e do coronel. Disseram que logo estariam libertos e esclarecidos. Falaram da jovem mulher que anos depois cometeu suicídio. Como ela tinha uma mediunidade ostensiva, precisava de muita atenção. Não se tratava de esquizofrenia o que ela tinha. Infelizmente, seu comportamento egocêntrico a prejudicou ainda mais.

A morte da irmã de minha esposa me abalou e, em 1916, eu tive uma congestão pulmonar e precisei reduzir ainda mais o número de viagens para São Paulo. Minha saúde estava se debilitando e a fazenda indo de mal a pior, devido à péssima gestão de meu filho, mais preocupado em criar cachorros e com corridas de cavalo, gastando toda nossa economia. Neste período, ele já não sofria o assédio da avó que, do lado de cá, pretendia acabar com a fazenda, estimulando-o a gastar dinheiro com mulheres, bebidas e carros. Ao contrário, arrependida, queria mudar o rumo da história, mas isso não era possível.

Mas gostava de estar lá, ao lado da professora da fazenda para estudar livros espíritas e sentir seu calor. Nosso último encontro foi em 1918, quando aconteceu a maior geada registrada em toda história da fazenda. Ela, querendo mudar de vida, intuindo que a fazenda estava com seus dias contatos, resolveu se mudar para a capital do estado logo após a geada e não mais nos vimos. Pelo menos, enquanto eu estava encarnado.

Após a minha morte, em 1925, fui recebido do outro lado pelo espírito que viveu a personagem Ruy Barbosa. Ele me recebeu com sua antiga aparência para que eu o reconhecesse. Gradativamente fui recuperando minha consciência espiritual e me lembrando de outras encarnações. Acompanhei também a preparação do coronel e de sua ex-esposa, assim como da filha, que estava com seu corpo astral totalmente deformado e praticamente inconsciente, recuperando-se em um hospital no plano Astral. Também entendi aquela paixão fulminante pela professora, um amor que nos acompanhava há várias encarnações.

Depois de algum tempo fui então convidado para atuar na Umbanda, como membro da equipe espiritual que usava a postura simbólica Pai Francisco. Tratava-se de um grupo de espíritos que tinha afinidade com a energia franciscana, que já tinha vencido a prova do desapego. Alguns foram escravizados e outros não, como no meu caso. Alguns tinham mais experiências no seio do budismo e outros do cristianismo, ao longo das encarnações, mas também se juntavam a essa equipe espíritos como experiência na medicina, filósofos, artistas e tantos outros que viam na energia franciscana um campo de atuação dentro da Umbanda.

E foi como Pai Francisco que reencontrei a professora. Ela havia se tornado umbandista, na cidade de São Paulo, e foi levada a frequentar um dos terreiros onde eu me manifestava. Eu só tinha permissão para dizer que eu a conhecia de muitas encarnações, o que era verdade, sem revelar que entre nós aconteceu um amor muito intenso.

Ela sempre me pedia intuições e ajuda em suas orações, sem imaginar quem estava por trás daquela postura simbólica. Ela desencarnou em meados da década de 1960 e pude recebê-la. Reencarnaremos praticamente juntos, em cidades diferentes, mas vamos nos reencontrar na adolescência.

E a filha do coronel, com quem tive dez filhos e com quem me casei quando ela tinha apenas 15 anos de idade? Nós somos irmãos espirituais e temos uma forte afinidade. Ela não tem mais necessidade de encarnar na Terra. Ela já está se preparando para viver a fase seguinte da evolução do espírito. Ela já superou a fase humanizada e já dá seus primeiros passos na fase angelical. Ela diz que vai me acompanhar como uma espécie de mentora, procurando me intuir na minha nova aventura encarnatória para que eu erre menos da próxima vez.

De 1919 a 1925, vivi no Rio de Janeiro na companhia da minha esposa e da ex-empregada. Agora já uma mulher madura, solteira e que dedicava muita afeição por mim e minha família, apesar de minhas filhas terem a tratado muito mal durante muito tempo. Em 1923, quando meu filho mais velho foi assassinado, fiquei muito amargurado. Apesar de não apreciar seu estilo de vida, sua morte me abalou muito. Ninguém gosta de perder um filho. E ela ficou sempre ao meu lado, cuidando de mim.

Eu não entendia o porquê daquela atenção toda e o fato dela nunca ter nos abandonado e procurado algo melhor para fazer da vida. Somente após a morte, lembrei-me dela. Esse espírito em sua encarnação anterior tinha sido a mãe biológica da mulher do coronel. Ela também foi morta envenenada e pela mesma escrava que matou sua filha. Também foi morta a mando do coronel.

Porém, ao contrário de sua filha, ao desencarnar, ela entendeu o motivo egoísta do seu genro e o perdoou. Anos depois, quando sua filha também foi envenenada, ela tentou ajudá-la, mas esta criou uma espécie de armadura energética que impedia a sua aproximação. Ela era uma mulher cristã que vivia realmente os ensinamentos e sempre perdoava aqueles que faziam com ela aquilo que ela não tinha coragem de fazer com ninguém.

Ela encarnou como filha de um casal de colonos italianos e foi morar na fazenda construída por seu genro, o mesmo que mandou a matar. Ela sofreu calada as várias mentiras que minhas filhas inventavam para culpá-la. Até de roubo foi acusada.

Ela nunca se via como vítima. Ela imaginava que Deus tinha algum motivo para a colocar no meio de pessoas que a tratavam mal. Até pensava que poderia ter relação com um caso amoroso que teve na fazenda, com o filho de outro colono e acabou engravidando. Mas com medo de perder o emprego, provocou um aborto utilizando uma planta indicada por uma mulher da colônia.

O rapaz com quem se envolveu também se interessava por cavalos. A filha do coronel deu a ele um cavalo e o patrocinou para que ele virasse jóquei. Porém, sofreu um sério acidente e ficou o resto da vida em uma cadeira de rodas, usando um cinto na coluna. A mãe do rapaz nunca perdoou a família do coronel pelo acidente. E a jovem empregada achava que o acidente poderia ter sido um castigo por não terem ficado juntos e cuidado da criança.

Em outra vida, ela foi, inclusive, a minha mãe biológica. Era muito próxima da família real inglesa e tratava muito mal os súditos. Roubava e culpava outras pessoas. Não dividia a comida. Desprezava quem não tinha sangue azul. Quando encarnou no Brasil e foi morta envenenada, já tinha outra postura. Mas ainda tinha algumas expiações para vivenciar. Foi por já ter sido a minha mãe que, apesar de tudo que sofreu na fazenda, não me abandonava.

Na década de 1930 ela desencarnou. Quando soube que ela estava para desencarnar, pedi permissão para recebê-la do lado astral da vida e pedi desculpas por ter permitido que ela fosse tão maltratada, principalmente por minhas filhas, que, agindo de forma egoísta, agiam como instrumento do carma que ela precisava passar.

Ela rapidamente recobrou sua consciência espiritual. Quando sua filha encarnou para uma nova aventura ao lado do coronel, ela ficou no plano espiritual acompanhando-a e utilizando a postura simbólica de Sinhá Chica, realizando cirurgias espirituais e aconselhamentos através da mediunidade da ex-mulher do coronel.

E o Júnior? Possivelmente ele será novamente o meu filho.

Capítulo 12

Ainda teremos muito trabalho pela frente...

A escravidão foi uma chaga cuja energia deletéria ainda levará muito tempo para ser limpa. O Astral no Brasil, sobretudo, nas cidades onde o café prosperou, devido ao forte egoísmo ainda se encontra poluído. Enquanto este não for limpo de toda energia de sofrimento que ali se encontra, não poderemos ter o início de uma nova etapa na evolução da Terra, chamada de regeneração.

Do ponto de vista espiritual não há vítimas ou algozes, apenas a inexorável lei de carma em ação. Porém, como sempre gosto de salientar, o problema está na intenção. O tráfico era rentável. E a possibilidade de traficar africanos dava lucro. Por isso, essa opção foi a que vingou. O egoísmo humano ainda é muito forte.

Os países europeus também ganharam muito dinheiro com o tráfico, com o comércio de seres humanos. Mesmo antes do café, a dinâmica colonial já requeria braços africanos, mas com o café, aumentou a busca por mulheres. E por quê? Prevendo que o tráfico de escravos estava prestes a acabar, os fazendeiros começaram a buscar mulheres porque elas procriariam e, assim, eles teriam os seus próprios escravos. E estes, após a libertação, não foram indenizados, foram proibidos de praticar a capoeira, suas religiões e suas práticas de cura e benzimento.

Por sua vez, os indígenas que ocupavam as margens do córrego Itararé e outros foram violentamente exterminados pelos bugreiros. A vila do quilombo cresceu com o café, transformando-se na maior exportadora de café no final do século XIX e começo do século XX. Todo esse progresso material, escrito para acontecer, foi acompanhado por muita morte, egoísmo e, enquanto essa energia presente no Astral e que envolve o plano material não for limpa, não é possível mudar de estágio.

Daí a Umbanda e outras religiões ainda terem muito trabalho pela frente.

Com os imigrantes, o catolicismo popular ganhou força. A igrejinha da vila é um ponto de luz naquela região, assim como as matas e cachoeiras que por lá se espalham.

Morando em uma casinha, em uma parte da colônia que não foi destruída, o coronel, sua esposa, filhos e netos, apreciam a casa sede da Fazenda. Esta traduz um misto de saudade e receio. No inconsciente de todos está o registro de muitas histórias ali vividas naquela construção que mistura os estilos paulista e mineiro. Suas paredes construídas de taipa, a simplicidade da estrutura, sem grandes ornamentos, sendo um sobrado à frente e casa térrea ao fundo, com um belo jardim, aguça a curiosidade de todos, sem saber que lá viveram suas provas, expiações e missões da encarnação anterior.

Os terreiros praticamente desapareceram, mas o tempo preservou os muros que os cercavam, assim como algumas das casas da antiga colônia, a senzala e a capelinha, onde um símbolo de Yemanjá presente nela identifica a união entre as raças e o papel eclético que a Umbanda possui em sua missão de caridade e amor.

Eu vou nascer na fazenda, serei o xodó do coronel e sua mulher, agora meus avôs, e de meus tios. Vou brincar muito até crescer e poder ajudá-los na Umbanda quando minha mediunidade eclodir. Enfim, será mais uma aventura encarnatória com suas provas, expiações e missões.

Cronograma básico

1850 – Nascimento do narrador da história, aprovação da Lei Eusébio de Queiroz, proibindo a entrada de africanos escravizados, e da Lei da Terra.

1864 – Viagem do narrador para os EUA para estudar medicina

1870 – Retorno para o Brasil

1871 – Lei do Ventre Livre, definindo que os nascidos de escravizadas seriam livres após completarem 21 anos de idade.

1874 – Morte da primeira mulher do coronel, casamento do narrador com a prima e compra da fazenda.

1875- Início da plantação de café.

1876 – Início da construção do ramal da linha de ferro entre Rio Claro e São Carlos.

1880 – Primeira safra de café na fazenda é colhida.

De 1880 a 1883 – Transporte do café através do rio Mogi Guaçu até Porto Ferreira para, enfim, embarcar para Santos.

1881 – Ruptura da sociedade entre o coronel e o narrador da história e mudança deste para Rio Claro com a mulher e seus três filhos, onde organiza uma fazenda modelo.

1883 – Entra em funcionamento o trecho da linha férrea entre Rio Claro e São Carlos.

1886 – Visita do imperador, hospedando-se no palacete do coronel. O narrador se nega a participar, apesar da insistência do Monarca.

1887 – O narrador liberta seus escravos, na fazenda em Rio Claro.

1888 – Fim da escravidão.

1889 – Proclamação da República.

1890 – O narrador se elege deputado federal, muda-se para o Rio de Janeiro, deixando a família em São Paulo, e participa da elaboração da primeira constituição brasileira republicana.

1891 – Dissolução do congresso e conflito armado.

1895 – O narrador se reconcilia com o sogro

1896 – Nasce seu décimo filho, o Júnior.

1997 – Morte do bandido Dioguinho na fazenda do narrador da história.

1903 – Morte do coronel e eleição do narrador para o Senado, que se muda para o Rio de Janeiro, enquanto a família fica em São Paulo.

1906 – A família se muda para o Rio de Janeiro, mas o filho caçula não se adapta e este volta para São Paulo com a mãe no final do ano.

1908 – Nascimento da Umbanda.

1911 – Viagem para a Europa com o filho caçula e a mulher.

1911 a 1914 – A fazenda passa a ser administrada pela esposa e pelo filho mais velho.

1914 – O narrador é candidato a vice na chapa que tinha Ruy Barbosa como candidato à presidência da república.

1914 a 1917 – O filho mais velho cuida da fazenda e esta se torna muito endividada.

1917 – O narrador e o filho mais novo assumem a fazenda, mas decidem vender.

1919 – A fazenda é vendida e o narrador passa a morar definitivamente no Rio de janeiro

1925 – Desencarne do narrador